武家政権成立史

気候変動と歴史学

磯貝富士男

吉川弘文館

目次

第四章 平治の乱後の社会と政治

はじめに

1　本書の課題

日本前近代史を見渡した時、十二世紀後半における武家政権の成立という出来事は、日本国成立以来最大級の歴史的画期をなしていたといえるだろう。本書は、この武家政権成立という政治史上の大変化が生じた必然性・事情について、気候変動要因や社会状況を含めての理論的見通しを提示することを課題としている。対象とするのは、十二世紀初頭から平氏政権・鎌倉政権が成立してくる直前までの約八十年間である。

筆者は、一九七〇年代末以来、中世における気候変動の大局的流れを主に海水面変動に焦点をあてて把握し（その詳細は別の機会に発表する予定）、社会や政治・文化などの諸歴史現象との関係を考察するための方法の開拓に努めてきた（磯貝　一九九一、一九九四A・B、二〇〇二、二〇〇六、二〇〇八A・B）。その結果、気候変動要因は、いくつかの歴史的局面における諸事象理解の上で、それ抜きでは説明が付かないほど、重大な影響を与えていたことを、確信するに至っている。歴史時代約二千年間における気候変動幅は、更新世から完新世への変化（海水面変動としては百数十メートルに及ぶ）に比べるとほんの些細なもので、現代の海水準を基準にして表現した場合、約六〇センチ強の上昇状態（一一〇〇年頃）から約三メートル強の低下状態（一～二世紀）という、わずか四メートル弱程度の幅の中での変動に過ぎないが、その範囲内で生じた変動が人間社会に与えた影響は無視すべきものではなく、時に重大な社会的影響を与え、法制度・政治・文化、さらには国家体制にまで影響を与えてきたものであることが明らかになってきたのである。

本書で扱う中世初期における武家政権成立への時代についていうと、海水面変動史あるいは気候変動史の上で極めて特徴的な変遷がみられることが明らかになってきたのであるが、そのことが独自の社会状況や政治的状況を生じさせ、この武家政権成立への展開に大きく影響していたことが確認でき、武家政権成立への必然性もその中にあると考えるに至ったのである（磯貝　二〇〇八B）。本書を草する意図は、この仕組みを仮説的に提示して、問題の所在を明らかにする点にある。

歴史学分野における気候変動論の導入は、先史時代（考古学）分野での方が先行して受け入れられており、この観点の必要性は不十分ながらも一応常識化してきたところであるが（たとえば旧石器時代から新石器時代への歴史の展開は最後の氷期であるウルム氷期から後氷期へと転換する中で生じたことなど）、歴史時代については歴史家の間でもまだ十分認識されているとはいい難く、全くの未確立の状況であった。しかし、今日、歴史時代においても気候変動が認められるということは、急速に承認されようとしている。特に、筆者が、歴史研究に当たり、まず専攻してきた「中世」といわれる時代は、歴史時代の温暖化の頂点をなす一一〇〇年頃から冷涼化の底をなす一四〇〇年代中期に向かって冷涼化＝海退が進行したが、その後十五世紀末から一五〇〇年代になると急速に温暖化＝海進が進行して十六世紀の第四四半世紀にその海進の頂点をもつに至るという展開を示しており、歴史時代の中ではその変動の甚だしさにおいて特徴を有しているといえるのである。したがって、もし、この気候の冷暖変化の長期的傾向が、社会的影響をもたらすものであるならば、この海水面変動表が示す長期的傾向を知ることによって、その社会的影響を考えていくという方法は、極めて有効なものとなるといえるだろう。この認識を強く確信するに至ったのは、すでに幾つかの課題に即してこの関係を明らかにしてきたからである。すなわち、私自身の研究実績に即していえば、一つは鎌倉後期から奴隷制が拡大していくという事実の原因を解明するという課題、もう一つはそれと関連して提起された農業生産力について特に鎌倉後期以後水田二毛作が拡大していくことの理由を解明するという課題、であった。これはすでに二〇〇二年に著書として発表してきた。本書は、今まで得られてきた成果の上に立って、さらに武家政権成立時代の社会的動向はこの気候変動を踏まえて理解されねばならないこと、さらには武家政権成立の事情そのものも、この気候変動を背景とした社会的動向と必然的な関係を有していることを明らかにしようとしているのである。

武家政権成立過程を扱った研究は数多いが、この武家政権成立という歴史現象の原理的解明を課題としたものは極めて少なく、敗戦直後の松本新八郎・石母田正らの「世界史の基本法則」的歴史認識に遡らざるを得ない。そこで示されてきた武家政権成立に関する原理的理解は、古代以来の漸次的な生産力発展を背景として奴隷たる下人・所従が農奴に進化していくという基礎過程を想定し、それを政治的に代弁した領主勢力が成長し自らの階級的代表たる鎌倉幕府を打ち立てていくという見方に代表することができるだろう（石母田　一九四六、一九四九、一九五五。松本　一九四二、一九四九）。この見方にあっては、進歩の担い手を何にみるかが重要視され、当初は領主層にその価値が置かれていた。その後、中世百姓層が担う役割に進歩的意義が見出される方向に焦点が移り、領主による支配の野蛮性を強調する見解等も提示されてきた（入間田　一九八四）。また、今日にあっては奴隷の農奴への進化論を語る論者も全くみられなくなっている。しかし、この基礎過程にひたすら生産力の発展を想定する点では、今日に至るまで何ら変化はなかったのである。

2　気候変動論と歴史学

本書で示そうとしている歴史の見方は、かつて支配的となったマルクス主義歴史学を中心とする戦後歴史学によって、「環境決定論」あるいは「自然決定論」などのレッテルを貼られ排撃されてきた考え方に属するものだろう。この攻撃は、社会の内在的要因のみを歴史の推進原理に想定し、常に発展という論理で歴史を一元的に捉えることを絶対化する立場からなされてきたものである。本書を草するに当たって、このような攻撃を行ってきた歴史理解には、人間社会とそれを取り囲む自然環境について、次のような誤った認識または不十分な認識が存在することを指摘しておかねばならない。

第一は、歴史変化の動因を社会内在要因にのみ求め、社会外要因を考慮に入れることができなかった点が指摘される。第二は、歴史事象や歴史変化を常に発展の論理・価値観においてのみ位置付けようとして、後退や停滞の論理において位置付けることができなかった点があげられる。断っておくが、筆者は、歴史変化の動因を社会内在要因に求めることを全て否定するものではなく、また歴史事象や歴史変化を発展の論理の中で位置付けることを全て否定するものでもない。問題としているのは、それらが全てであるとして、自然環境が独自に変化して、その変動が人間社会に影響を与える側面を認識できなくなってきたことに対してである。すなわちこの歴史観の問題点は、人間社会の発展が自然を次第に征服し、社会を発展させてきたという側面のみを一元的に絶対化して、歴史を考察しようとすることによって、客体たる自然条件（実に多様な要因を有しているのであるが）が独自に変動し、それが人間社会に影響を与えてくるという側面への観察を欠落させてきたことにあるといってよいだろう。このような歴史観を、すでに、進歩発展一元史観と名付けて問題提起をしてきたのである（磯貝　一九九四B、一九九五）。

これに関連して、現代の問題として、この間世界において支配的となってきた二酸化炭素排出量規制に関連して主張されてきた、人間が自然を征服してきた結果として自然・環境の破壊や変化をもたらしてきたという側面のみを一義的に強調する考え方について、付言しておこう。この考え方は、自然要因による独自の変化が人間社会に影響を与えるという面への認識・配慮を欠落させているという点で、歴史学における進歩発展一元史観と共通するもので、表裏一体の関係にあるといえるものであろう。「人間が自然を征服してきた結果、自然破壊・環境の変化をもたらしてきた」という見方は、前述のように、歴史を、人間社会の発展が自然を次第に征服し、社会を発展させてきたとみる考え方を裏返したもので、そのような思想からたやすく到達し得る、極めてわかり易い一面の真理であるといえよう。筆者は、この側面が、場合によっては主要なものあるいは副次的なものとして作用することがあるということ自体について何ら異議を唱えるつもりはない。そのようなことは非常にありえることで、しかも現代はそれが深刻化しているということも認めているのである。そのことを承認した上で、その陰でやや見えづらくなっている別の側面の真理もあることへの注意を喚起しようとしているのである（磯貝　二〇〇二、二〇一三）。

すなわち人間・社会の側に原因がなくても、自然の側に発する要因をきっかけにして、人間を取り巻く自然環境が変化し、それが人間社会に影響を与え、独特の社会現象を生じさせ、場合によっては新たな社会体制創出にまで至るような可能性もありうることを認識すべきであるとして、問題を提起しようとしてきたのである。社会科学として歴史を考えていこうとする場合にあっても、人間・社会の側だけではなくこの社会外からの影響までを含めた考察を進めるべきであると考えているのであるが、これは、言うは易しくて行うは難しい課題ではある。社会科学として歴史を考えていこうとする本書では、太陽の活動が地球に及ぼす影響等、諸自然要因を独自に追求することは目的の外に置かざるをえないのであるが、それらの結果としての寒暖の時代的傾向を読み取り、それを歴史の背景として考察していくことは可能であると考えている。

第一章　武人政権の成立と気候変動

一　十二・十三世紀東アジアにおける武による新秩序

日本・朝鮮の十二・十三世紀の歴史を比較する時、注目すべき点は、双方独自の歴史展開の結果であるにもかかわらず、共通して十二世紀後期、特に一一七〇年代以後王朝政権下で武人（武臣＝武家）政権が成立していることにある。日本では一一七〇年代を通じて後白河院政の中で勢力を強めてきた伊勢平氏が治承三年（一一七九）末から翌年にかけて政権を独裁的に掌握し、継起的に生じたそれへの反乱を通じて一一八〇年代初頭から鎌倉に居を据える武人政権が成立して、一一九〇年代初頭に確立をみることになった。朝鮮においても一一七〇年に武臣による反文臣クーデター（庚寅の乱）が起き、武人（臣）政権が成立し、いくつかの武人政権の交替を経て一一九六年に崔氏政権が成立し四代六十余年続く本格的武人政権が展開することになる。武人政権形成の端緒が一一七〇年代にあり、安定化したのが一一九〇年代にあるという点で両者の軌跡は酷似しているといってよいのである。この日朝共通の歴史現象を、武による制覇、武による新秩序の形成として意義付けた場合、さらに中国大陸においても、同様な歴史現象が生じていたといいえる。

日本史と中国史との比較においては、従来、中国では宋王朝にみられるように文人官僚国家が成立したのに対し、日本では武人政権が成立したとして、「文」と「武」とを対比させる形での比較がなされ、日本の野蛮性が強調される論議さえもなされてきた（入間田　一九八四、高橋　二〇〇四）。しかし、中国大陸においても、宋王朝が次々と起こってきた北の武装集団に圧迫を受け続け、ついにはモンゴル勢力によって滅亡させられていったという事実を無視してはならない。武による制覇、武による新秩序の形成という点では、中国大陸においても共通の歴史現象が生じているのである。この日・朝・中、共通の歴史現象が生じた大局的要因こそ、一一〇〇年直前頃の温暖化の頂点を過ぎてから以後冷涼化が進行していったという気候変動に求められ、その影響下で生じたという点で、共通の社会現象として説明できるのである。まず、朝鮮の武臣政権成立の事情と中国大陸におけるモンゴル民族台頭に関する事情をみておこう。

1　高麗王朝下の武人政権成立

高麗においても、日本と同じく十二世紀後半に武人による政権が成立しており、日朝の歴史が極めて似ていることは、旗田巍らによって以前から指摘されていた（旗田　一九五一）。特に梶村秀樹は、朝鮮では武人政権がモンゴル人の侵略によって挫折させられたのに対し、日本ではそれを退けることができたため存続が可能になったという、日朝武家政権存続条件の差異性にも言及が及んでいた（梶村　一九七七）。しかし何故日朝でほぼ同時期に武人政権が成立してきたのかという点については、当然のこととするだけで全く説明されてはいなかったのである。この日朝同時期に武人政権が成立してきた理由の追究が放置されてきたのは、共通の歴史現象を説明する妥当な原理を見出すことができなかったためであろうが、筆者は、武人政権成立という日朝共通の歴史事象は、ほぼ同じ緯度に近接して立地する両農業国が、気候変動においてもほぼ同様な影響を受けていたという点を重視している。朝鮮半島は北緯約三五〜

四二度辺りに位置し、日本の本州の南部を除いた（北緯約三四〜四二度弱）辺りに対応する。以下、朝鮮史研究者の成果によって高麗武人政権成立の基本過程を気候変動論からみていく。

まず高麗史の大局的流れの中で、最温暖期の十一世紀末から十二世紀初頭は王権の安定期とされており、集権的官僚制が典型的に完成され高麗文化の華が咲き開き、高麗王朝は繁栄の頂点にあったとされている（朝鮮史研究会　一九七四）。しかし、その後次第に文臣政治の行き詰まりが生じて、「高麗の社会的矛盾」が進行し、各地に「流亡・逃亡の群れ」が発生し始め、まもなく反乱のかたちをとるようになり、特に武臣政権出現後は大小各種の反乱が頻発し、確認されているだけでも八〇件ほどは起きていたという（武田　二〇〇〇）。農民反乱や奴婢の反乱という現象が生じていった背景には、重税を想定しなければならない。奴婢の反乱といっても実質は重税によって一般公民が奴隷に転落したという基本的事情が想定できるので、同根の要因による社会現象とみなしえるからである。その一方で、王族や文臣らは享楽に耽っていた。出身階層は一般民衆層に近いとされる武臣たちは、身分的に文臣の下位に置かれ差別的待遇を受けてきたが、それへの怒りが爆発したのが、一一七〇年鄭仲夫らのクーデター（庚寅の乱）であった。彼らによる権力奪取以後、武臣相互の権力抗争が生じ、李義方→鄭仲夫→慶大升→李義旼と、短命な政権が幾つか続いた末、一一九六年崔忠献の権力掌握によって崔氏政権が始まり、四代六十余年続く本格的武人政権となっていく。この「高麗における社会矛盾」の要因については、明確な指摘はなされていない。

この間の事情は、気候変動論から、次のように理解することができる。まず十一世紀末期頃高麗王朝が繁栄の頂点にあったとされる点は、この時期が最温暖化期であったことに対応しているといえよう。しかし、この時期に農業の最良状態を経験したことは、その後支配層がその高生産額を基準とした租税徴収を期待する傾向をもたらすことになる。十二世紀に入ると間欠的に冷涼な年が続きしばしば飢饉状態が生じるのである。現実の農業生産高の平均的傾向が次第に低下していくにもかかわらず、支配層は租税完済を求める中で、民衆は租税の重圧に苦しみ、奴婢に転落する層も増加していく。そのような中にあって文臣の下に置かれた武臣たちは徴税のための強制装置の役割をさせられ、民衆の側からの抵抗が起こればその鎮圧の前面に立たされることになる。また、文臣からは差別される存在でもあった。一一七〇年の鄭仲夫らによるクーデターで、文臣殺戮が行われた背景に凄まじい反感・怒りが醸成されていたことが窺われるが、それは差別問題に加えて、王や文臣たちが秩序維持は武臣に任せて、民衆や武臣の苦しみをよそに享楽に耽っていたという現実があったからではないか（あるいは文臣側に鄭らの討滅計画があったのだろうか）。

武臣の反文臣クーデターの背景に、のちに農民反乱・奴婢反乱をもたらす要因すなわち武臣による徴税の強制、その重圧の中での農民の没落・奴婢身分への転落という事態の進行事実を想定しなければならないだろう。十二世紀後半特に武臣の反文臣クーデター以後に農民反乱・奴婢反乱が甚だしくなるが、その要因は武臣クーデター以前から蓄積されており、具体的な形を取るようになるのはそれが堪えられなくなって爆発したものとみるべきであろう。庚寅の乱は、民衆抑圧体制への抵抗のきっかけを与えたものとみることもできよう。

以上のように、十二世紀後半は日朝ともに武人政権成立時代であったが、両者の違いは、十三世紀になって武人政権がモンゴル軍の侵略に敗北し壊滅させられたか否かにあった。朝鮮では、崔氏武人政権がモンゴルの侵略に敗れ、高麗王朝はモンゴルに降伏し、以後元を支えとして王朝を維持・継続していく。日本では、北条氏中心の鎌倉幕府による軍事的抵抗が、元の二度の侵略を退けることに成功し、軍事政権は継続され専制化していくことになる。しかし、北条氏による支配体制は、その後の冷涼化進行の中で社会矛盾が激化し、崩壊の危機に直面することになっていくという点では、日朝は底流においてやはり共通の大要因による制約をうけているのである。

2　モンゴル諸部族の遊牧地争奪戦の背景

モンゴル民族の統一過程は、チンギス・カンが諸部族を統合した一一八九年の第一次即位段階と、さらに現在の外蒙古や内蒙古それにバイカル湖辺りにまで及ぶ北アジア統一を成し遂げた一二〇六年の第二次即位の段階に大別されるが、彼らはこの統一以後凄まじいエネルギーをもって征服活動に乗り出していく。その力を生み出した社会環境を形成したものは何であったのか、その根源的な理由を明らかにするためには、北アジア統一以前のあり方から考えていく必要性がある。強烈な征服へのエネルギーや高度な軍事技術は、この北アジア統一戦争をくぐり抜ける中で形成されていったもので、その後の征服衝動・活動は、北アジア諸部族を統合し、その闘争エネルギーを外部に向けることによって可能となったといえるからである。このように考えると、まず北アジアにおける彼らの凄まじい闘争が何故に生じたのかを説明することが、この問題を解く鍵になる。

九〇七年唐滅亡後の大陸情勢については、契丹族・女真族・モンゴル諸族と、中国北方諸民族の活動が活発化し、宋王朝を圧迫しついには滅亡に追い込んでいったことが知られているが、なぜそのような北方からの動きが生じたのかについて、従来十分な説明はなされないままであった。筆者は、この背景に、九〇〇年頃の温暖化頂点の経験とその後の冷涼化、さらに一一〇〇年頃を頂点とする温暖化とその後の冷涼化、という気候変動が何らかの影響を与えていたと考えているが、ここでは一一〇〇年頃の歴史時代最温暖期を経た後冷涼化が進行していったことが、モンゴル統一者チンギス・カンを生み出す闘争社会を生じさせる要因になったとする、仮説を提示する。

気候変動が彼らの生活環境に与える影響を論じるにあたって、まず気候変化の影響が高緯度になるほど大きくなるという点を強調しておかねばならない。日本最北の北海道（南端は松前半島白神岬の北緯四一度三〇分弱、北端が宗谷岬の北緯四五度三〇分）におけるあり方との比較においてその意味を考えておこう。北海道では最温暖期に農耕要素を含む擦文文化が営まれていたが、その後の冷涼化にともない農耕要素が失われ狩猟・漁撈・採集経済の性格を純化していったという事実がある。モンゴル族がかつて居住していた地域は現在のモンゴル民主主義人民共和国の領域（南端は北緯四三度辺りで北端は北緯五二度辺り）よりもさらに北方のバイカル湖の辺り（北緯五二度前後から北緯五五度を越える位置）にまで広がっていた。しかも高地や砂漠の占める比率が大きい。したがって温暖化と冷涼化がもたらす影響は、北海道よりもはるかに過大で、時に過酷となる。彼らの生業については、コンスタンティン・ムラジャ・ドーソンが次の事実を指摘している（ドーソン　一八二四）。

遊牧民の生活の拠所は家畜で、駱駝・牛・羊・山羊・馬等より成っていた。これらは食料・飲料をもたらすだけでなく、衣料・縄紐・縫糸・器・革袋・包等の生活用具や弓弦・矢鏃等の狩猟用具、燃料等の原料であった。家畜は牧草によって養われており、生活はその遊牧地を得ることによって支えられていた。牧草が乏しくなると、住居［包・幕舎］を解体して、家財道具・幼児達を動物の背に荷積みして新しい牧地を求めて出発する。各部族はある範囲内に制限された牧地を有し、季節に応じてしばしば居所を移動していた。その移動は、基本的に春には山へ向って進み、冬が近づくと平地に帰るというものであったが、冬の生息条件は厳しく、家畜でも足で地上の積雪をかき除かなければ食物を得ることができず、雪氷が解けた後に厳しい霜や氷が続いたりすると、氷を割ることができない動物は飢餓のために斃れた。馬は脚が強壮なのでこの危険に遭うことは少なく、家畜群のなかで常にその数が多かったという。

このような生活条件にあっては、気候変動の影響は顕著な形で現われる。温暖化進行期は植物が生える限界は広がり牧草地は拡大し人口収容能力は高まって増加をもたらすが、冷涼化に転じてから以後は、牧草地縮小により家畜は減少し獲得できる食料は確実に減少方向に進み、生活環境は悪化し人口収容能力の減退をもたらすことになる。これがもたらす社会的影響については、恐ろしい事態が想像される。限られた獲得食料に対して人口が多すぎる状態が常にもたらされていることになり、社会内部の矛盾は激化していくだろう。これは、彼らの前述の生活形態の特徴に起因して、基本的に食料・財産獲得の大前提である牧地の争奪戦となって現われる。チンギス・カンを生み出した背景に牧地争奪戦が存在していたことはすでに宮崎市貞らによって指摘されてきたことである（宮崎　一九八七）。以上を踏まえ、諸部族間で激烈な牧地争奪戦が行われることになった経緯をめぐって、次の仮説をたてることができる。

一一〇〇年頃に向かう温暖化の進行は、牧地拡大を可能とさせ、食料獲得条件拡大による人口増加とともに今まで生活できなかった地域をも生活圏に取り込むことになっていったが、冷涼化に転じると、拡大した部分の牧地において次第にその存続条件が失われはじめ、牧地可能範囲の縮小が進行していき、生活圏が縮小していくとともに食料不足問題が生じていく。しかし、人口は増大しており、その結果限られた牧地・食料をめぐって争いが生じ、冷涼化の進行とともに次第に激烈な形となっていく。これが諸部族間での抗争の激化や対外的侵略行動をもたらし、その抗争の果てに諸部族の統一者が出現する。チンギス・カンによる統一を遂げたモンゴル民族は、さらに冷涼化が進行し牧地が狭小化することへの対応策として、問題を対外的侵略によって解決する方向に転じていくことになる。

このような仮説はモンゴル民族の歴史に即して実証できるものなのだろうか。チンギス・カン時代より以前の状態については文字の記録が乏しいが、口承による系図や各世代の人々についての伝承が伝えられている。伝承によって考察することについては慎重にならざるを得ないが、ここでの目的に沿った方法を吟味することによって、ある程度の実証は可能であろう。第一の手掛かりとなるのは、系図上の人物に関してチンギス・カンの世代から代を遡るという方法によって大雑把な時代を確定できること。第二に、それら人物に関する物語において、人口増加期と掠奪や戦争が甚だしかった時期とがほぼ交互に存在してきたことがある程度読み取れることである。ここで必要なのは、一一〇〇年頃に至る時期とそれを過ぎていく時期についてである。チンギス・カンの生誕年についてはいくつかの説（ラシード説一一五五年。ほかに一一六二・一一六七年説などがある）があるが、彼が活躍した時代が十二世紀後期から十三世紀初期であることは明白なので、彼から近い時期の系図上の人物の事跡の時代想定については、蓋然的精度があると考えられるからである。

　ブルテ・チノー（蒼き狼）とゴア・マラル（惨《（ママ）》白き牝鹿）夫婦から始まっているテムジンに至る系図は、大局的に見ると当初人口が非常に少なかった状態から次第に人口が増えていくという意味の伝承が語られていると解釈できる。その中には、平和的な人口増加を語る伝承と対立や掠奪・戦争を語る伝承がほぼ交互に存在しており、増加期は大雑把にみると三つの時期にまとめることができる。ここでの実証目的から必要となるのは第三期で、テムジンについての伝承は第三増加期後の戦争と掠奪の時代の中に位置している。まず、最温暖期頂点以後に相当する部族間抗争・対外的略奪の激化時代として見出せるのは、カブル・カン以後の人々で、テムジンまでへの系列を記すと、〈カブル・カン―バルタン・バアトル―イエスゲイ―テムジン〉となる。この時代は、次第に対立が強まり争いの時代となっていくが、それは後になるほど甚だしくなっていく。注目されるのは、その前に位置する時代である。〈カイド―バイシンコル―トンビネイ―九人の子供〉と続く時代、特にトンビネイ・カンから九人の子供への時代は、人口増加時代といえよう。第三増加期の記事「カイドが成年に達するや、ナチンとバルグ地方の住民はこれを戴いて支配権を与えた。新しい首長はジャライル族を攻めて、これを従え、根拠地を黒河、すなわち《カラ・クル》の河岸に定めた。諸部族の家族群は相ついで降伏して、その保護の下にはいり、その臣民の数は日ごとに増加した。カイドはモンゴリアのはてに位置するバルグジン・トグム地方を領域としたが、死んで、三子を残した。長子のバイシンコルはトンビネイ・カンの父であって、このカンは九子があり、九子はいずれも多くの部族の祖先となったが、その人口は二世紀の間に非常に増加したので、ついにかれらの数は二万戸ないし三万戸の多きを算するにいたった」（ドーソン　一八二四）。

ここで人口が増大したとある「二世紀の間」とは、二世代の間ということであろう。ドーソンの原注によると、バルグ地方とはバイカル湖の東に位置しており、「この湖に注ぐバルグジン河からその称呼を得たもの」とされている。高緯度のバイカル湖東の地域でこのような人口増加がみられたのは、一一〇〇年に向かう最温暖化期のことと考えていいだろう。なお、カブル・カンとはトンビネイ・カンの第六子である。カブル・カンの世代こそ、気候の最温暖期から悪化期への転回を経験した世代ということができる。この第三増加記事の次には、部族間、または周辺諸民族との抗争・掠奪・戦争の時代がやってきて、やがてテムジンが登場してくるのである。彼らが育った「モンゴリアのはてに位置するバルグジン・トグム地方」は緯度がより高く、温暖化がもたらす恵みと冷涼化の進行がもたらす打撃はより大きく、したがってまた社会的矛盾激化の度合いもより大なるものであったと考えられる。

二　日本武人政権成立史の課題

1　気候変動の社会への影響

日本武人政権成立史の考察に先立ち、気候変動の社会への影響のあり方の違いという側面から、上述のモンゴル型社会と日本型社会とを比較しておこう。モンゴル人の生活地域が高緯度でしかも内陸に位置した遊牧社会であったのに対して、日本は中緯度モンスーン気候の地域にあり周囲を海に囲まれた農業社会であるという点に基本的相違があり、そこから気候変動の影響にも違いが生じてくるので、共通面と異質面との両面で捉えていく必要性がある。決定的違いは、海に囲まれていないモンゴル社会では、直接的には気候の寒暖に対応した海退や海進が及ぼす影響がないので、陸地の喪失あるいは拡大が引き起こされることからくる社会的問題は生ぜず、ただ平均気温の上下が生業・生活に与える影響という面から考察できるものであった。それに対して、周海型社会日本では海退や海進による陸地の増減に起因する社会的影響と平均気温の上下が農業を中心とする生業に与える影響との二側面をみていかねばならない。その点で周海型社会日本の分析はモンゴル社会より複雑になる。これは、朝鮮半島においても同様である。

まず、海進海退の及ぼす影響については、以前陸地だったが一一〇〇年に至る時期に次第に失われてしまい海域となっていた場所が、一一〇〇年以後の海退の進行で少しずつではあるが再び陸地となり、それが次第に拡大していく。ただし、当該の保元・平治の乱前後の時期から治承の内乱に至る時期においては、陸地化した地域はまだ僅かでそれほど広がってはいなく、したがって陸地としての利用もそれほど進んでいたとは考えられない。陸地利用やそれをめぐる紛争が本格化するのは十三世紀に入ってから以後のことであろう。次に気候冷涼化傾向がもたらすところの生業への影響を問題とした場合、モンゴル社会が峻烈・過酷であったのに比べて日本社会においてはやや緩和されるが、やはり確実に影響をもたらしている。後述のように、一一〇〇年を過ぎていきなり冷涼年が連続したことは、大きなダメージを与えることになり、その後も暖と冷とを繰り返しながらも冷涼化傾向が進んでいくため、凶作→飢饉に直面する比率も高まって、社会的矛盾激化につながっていくのである。その基本的あり方が租税徴収をめぐる対立であるが、さらに租税徴収額減少にともなってそれを配分する支配層の間にも対立が生じてくることが政治史上の重要な要素になってくる。

筆者は、一一五六年の保元の乱以後「乱世」と認識されるようになっていったのは、元々体制が内包していた社会的矛盾が、十二世紀半ばに向かって次第に激化していったことによると考えているが、問題は、その社会的矛盾激化を条件付けた事情にある。それは、社会的・人為的要因から説明するだけでは不十分で、この時期の気候変動の特殊なあり方が如何に人間社会に影響を与えたのか、という点までを視野に入れて説明されねばならないのである。それは、一一〇〇年頃の温暖化の頂点を過ぎてから冷涼化に転じていく中で、凶作→飢饉がたびたび起きるようになっていったことに起因している。これを飢饉状態の慢性的・間欠的進行と呼んでおくが、この過程においては凶作のたびに、租税徴収が行き詰まり社会的矛盾が昂じるという事態が繰り返され、その蓄積が政治的対立構造を形成し次第に激化させていった、との仮説的見通しを有している。この仮説的見通しを、社会状況と政治史の具体的展開過程に即して実証的に示していくことが当面の課題となる。

2　政治史を視野に入れた理解

海水面変動表によって、一一〇〇年頃海進の頂点にあった所から以後海退方向に転じ、平均的傾向として後になればなるほど冷涼化が進むことが確認できる。これはあくまでも平均的傾向としてのことであるが、後になればなるほど以前の時代より農業条件が悪化していくということは、いわば気候条件に起因して稲作等農業におけるマイナス成長の時代が続くということを意味し、強弱はあるがそれに発する問題にたびたび直面せざるを得なくなる。その流れの中にあっては、少々の異常気象が生じる等のことによって以前に比して甚だしく減収となり飢饉と認識される状態にもなりやすく、実際にその頻度も増してくる。その時代に生きている人々にとって現実的意味を持つのは、常に今存在している社会システムであって、それは基本的にそれ以前に形成されてきたシステムであった。この一一〇〇年頃以後の冷涼化していく過程においては、社会各層の人々の動きとしては、以前の体制が定めた分配額にこだわり、それを確保しようと働きかけることによって、現実の農業生産の減収化傾向という現実との間の矛盾を強めていくであろう。それは諸々の対立・抗争を生じさせることになり、総体として社会的矛盾の激化をもたらしていく。

この冷涼化過程↓マイナス成長時代における社会的・政治的矛盾、対立の激化をできるだけ回避するためには、政治的対応・調整が必要となる。その政治的措置の望ましいあり方をいえば、収穫物の分配において、可能な限り直接生産者に必要生産部分を確保した上で、支配階級において、収穫減↓徴収減に応じて平均的に減じた適正規模の分配を実現することにあるといえよう。しかし、人間というものは誰でも一旦到達した欲望水準を減じることには抵抗があるものである。特に私的所有を前提とした社会においては、政治的・経済的力を有する人々は、まず自分たちの取り分を確保しようと動くであろう。また不安に駆られた人々の中には、しゃにむに自己の取り分確保に奔る者もいるであろう。収穫物減少傾向が続く中での分配秩序の再構築は、総ての人々にとって満足のいく形で落ち着くことは極めて難しいものである。どのような措置をとっても、上層から下層まで何らかの形の不満を抱かせざるをえず、最下層には配分秩序から弾き出され犯罪行為に走らざるを得ない者が滞留していくだろう。

統治者はその不満を抑えつつ調整を計らざるをえず、その場合、強力な指導力や統制力が必要となってくるが、矛盾が大きくなればなるほど秩序・強制のための力を強化する必要性が増してくる。また社会における治安の悪化も、それを取り締まる強力な軍事・警察力を必要とすることにもなる。強力な政治的統制力の必要性の高まりと、強力な軍事・警察力の必要性の高まりとは、この時代の社会と政治の過程を理解するためのキー概念である。前者は社会矛盾が高まれば高まるほど全体を政治的に統合するために、専制君主の存在が必然化されてくるという命題であるが、統治者が専制化傾向を強めれば強めるほど反発も強まるという側面もあり、それが矛盾の高まりとともに強力化しつつある専制権力に敵対し無力化させようとする方向に働き、ついには破綻をもたらしてしまうという側面もある。後者は、その政治的統制を強制し、治安を維持するための手段として必然化されてきたものである。両者の関係を当時の人々が認識していた後述の「威」の概念で表現すると、絶対化されようとする「朝威」（あるいは「国威」）を守るための「武威」の強化という関係にあった、といえよう。

このように、冷涼化が進行し農業生産性が次第に後退していく時代の政治過程・支配体制の変化を把握するための歴史研究は、従来全く試みられることはなかった。従来は、武家政権が成立していく道筋を、生産力が次第に発展していく過程とみて、武家勢力の伸張もその発展に対応するものとみなして、古代から中世への過程をただひたすら進歩・発展の時代と構想して描いてきただけであった。またこの時期における支配秩序の行き詰まりについても、社会全体としては進歩・発展の時代であったが、ただ古代勢力にとってはその支配秩序が行き詰まってきたものと、みなしてきたのであった。これが、研究者の自覚的言及という形でなされていたのは、戦後しばらくの時期の石母田正・松本新八郎らの時代までであって（石母田　一九四六、一九四九、一九五五、松本　一九四二、一九四九）、その後の研究者はこの認識に無自覚に追随してきただけであるといって過言ではないだろう。

それに対して、今日、気候の冷涼化が、緩慢ではあるが次第に進行する中で、農業生産性も確実に減退方向に向かっていく過程としてこの時代を位置付けるためには、この時代を気候変動→生産性の傾向→社会状況→政治状況の各レベルを含み込み、その総体を新たな論理で捉えるための方法論を模索し実証を積み重ねていくことが必要とされる。これを厳密に行い満足できるところに達するためには、あまりに多くの作業が必要で、私一人で成し遂げるには残された時間は少ない状況にある。ただ、冷涼化がさらに進んだ十三・十四世紀の農業生産力や社会的状況についてはすでに一応の検討を行って基本的考え方を提示しているので（磯貝　二〇〇二、二〇一三）、それを踏まえて、この時期についても、ある程度の見通しをつけることは可能なところまできたと考えている。

本書は、この十二世紀を気候変動論の深みから照射しつつ社会状況・政治的展開を概観することを通じて、鎌倉武家政権成立以前（治承の内乱突入以前）の時期について、必要な論点を提示し、問題提起を仮説的に行おうとしている。従来の武家政権成立論との決定的違いは、この時期に激化した諸矛盾は、生産力発展によってもたらされたのではなく、気候冷涼化の緩慢な進行を背景として、ジグザグにではあるが生産量が徐々に減退してきたことに起因したものであるとの理解に立っている点にある。したがって、武家政権成立は、社会の発展を体現したというものではなく、後退現象＝マイナス成長がもたらした社会的矛盾の激化に対処し、秩序維持をはかるために不可欠のものとして登場してきたとみなしているのである。

三　武家政権成立期の歴史観――『愚管抄』を中心にして

今日の歴史学は、武家政権成立を、進歩発展という論理において歴史発展の現われであるとして意義付けてきたが、武家政権成立時代を生きた人々が、自分たちが生きてきた時代をどのように評価し、また武家政権が成立したことをどのように意義付けていたのだろうか。この点に関して、十二世紀後半〜十三世紀初頭を生き抜き、承久二年（一二二〇）頃歴史書『愚管抄』を記した慈円の歴史観に即してふれておこう。

1　末世（末代）観の内容

この時代を生き抜き叙述時点までの歴史を通観した慈円の『愚管抄』における日本史への見方には、少なくとも二重の見方が存在した。一つは日本史総体に対するもので、神武天皇時代以来の日本国の歴史を、道理が徐々に衰退して「末の世」となってきた過程と捉える衰退史観とか下降史観とか表現されてきたもので（桓武天皇以後を「末の世」とする）、近代歴史学成立以来マルクス主義歴史学に至るまで主流であった、歴史を進歩・発展の過程として一元的に捉えようとする社会発展史観とは正反対のものである。『愚管抄』に対しては、従来から、史論としての評価が高かかったにもかかわらず、この下降史観に限っては、「没落していく古代勢力ゆえに歴史の進歩・発展を理解し得ず、否定的側面しか認識できなかった」（尾形　一九五〇）とする評価（階級性に由来する認識の限界説）に安住してきたといえよう。しかし、慈円がそのような下降史観を有することになった理由は、そのような扱いで済ませられるものではない。実際に、彼が生きてきた時代そのものが、後になればなるほど社会矛盾が激化し和解し難くなってきた事実を踏まえたもので、「保元以後ノコトハミナ乱世」との評価は、正に現実の経験を踏まえたものとみなすべきなのである。この点は、この通史認識を下敷きにして、もう一つのいわば近現代史ともいうべき叙述が存在することから理解することができる。そこにおいては、白河院政期を良き時代としその後次第に悪くなってきたとする歴史への見方が語られており、彼の歴史叙述の魅力は、この「現代史」叙述部分にあった。

今日われわれは「院政期」と一言でいうが、気候変動論から社会や政治のあり方を考える立場においては、白河時代とそれ以後の、特に後白河時代とはその位置付けが大きく違ってくる。これは、当時の社会の人々の歴史認識にも反映されているのである。慈円は次のように述べている。

コノ世ノ人ハ白河院ノ御代ヲ正法ニシタル也。尤可レ然可レ然。ヲリ居ノ御門ノ御世ニナリカハルツギ目ナリ。白河院ノ御世ニ候ケン人ハチカクマデモアリシカバコレヲ心ウベシ。一条院ノ四納言ノスヘモ白河院ノハジメマデハ、ヲナジホドノコトノ、ヤウヤウスクナルニテコソアレ。白河院御脱屣ノ後、一ヲチ一ヲチクダレドモ、猶

マタソノアトハタガハズ

彼が『愚管抄』を記した鎌倉初期の人々において、「白河院の御代」を「正法」の時代と位置付ける歴史認識が存在しており、慈円もそれを然るべきことと判断しているのである。この白河院の時代とは、彼が天皇であった時期と譲位して院政を行った時代（下り居の帝）の両方を含めた言い方のようであるが、特に正法の典型期を天皇時代にみており、譲位後になると「白河院御脱屣ノ後、一ヲチ一ヲチクダレドモ」とあるように次第に衰退していくと認識している。これを、末の世における正法時代観ということができる。白河院政期への時代評価として注目されるのは、特に最初の堀河天皇時代（一〇八六〜一一〇七）が最も理想的な時代であったとする認識が存在していたことである。それは、堀河天皇を「末代の賢主」（『古事談』一―七二）・「末の世の賢王」（『続古事談』続一―一〇）とか「寛治の聖代」（『平治物語』）等と評価する歴史認識が存在していたことに象徴される。この堀河天皇時代こそ最温暖期を含み冷涼化に転じていった時期にあたるのである。また、堀河天皇に続く鳥羽天皇期（一一〇七〜二三）についても、まだ良き時代であったとする見方も存在していた。『保元物語』上「後白河院即位の事」に、鳥羽天皇時代への評価として「践祚御在位十六ヶ年之間、海内しづかにして天下をだやかなり。風雨時にしたがひ、寒暑折をあやまたず」とある。この時代実際には凶作→飢饉がなかったわけではなく事実とは乖離しているが、後になってから社会矛盾激化が進み、あまりにも悪い時代となってしまったからであろう。この表現は、単に天皇の統治がよかったという認識だけでなく、季節変化が規則通りに進行したという自然認識も含み、農業も順調で社会も穏やかであるという総体的なあり方を視野に収めた徳治思想に基づく認識であった。

以上によって、白河院政期の中でも堀河天皇時代を聖代として、鳥羽天皇時代もまだその影響は続いたが、その後の崇徳天皇時代（白河・鳥羽院政期に跨る）から少しずつ悪化し、近衛天皇時代を経て後白河天皇即位直後に勃発した保元の乱によって乱世（＝武者の世）となっていくという歴史認識が存在していたといえるであろう。

摂関時代に流行した末法思想においては、正法五百年、像法一千年と数える考え方によって、永承七年（一〇五二）に末法に入るという説が流布していたことが知られているが（『扶桑略記』）、『愚管抄』が「白河院ノ御代ヲ正法」とみなす当時の人々の見方を是認していることは、十二・十三世紀の末世観が、十一世紀の末法思想をそのまま継承したものではないことを示している。それは、『愚管抄』巻第三において桓武天皇以後を「末の世」として論じている事実にも対応している。彼が使っている「正法」とは、厳密にみると末法思想として知られるいわゆる「正法」「像法」「末法」という三時期区分とは別の意味で使用されており、道理に基づいており、正しい教法とか仏法にそっているとかの意味である。彼の見方は、すでに遙か以前桓武朝期から「末の世」（あるいは「末の代」）となってきたが、白河院の時代には正しい方法、あるいは仏法に沿った政治がなされており、以後少しずつ悪化していったとみるものである。これは、以前流行していた永承七年末法時代突入説による末法思想が、白河院政時代を経ることによって、一旦後退することになったことを反映しているからであろう。この理由こそ、一一〇〇年直前頃の最温暖化期を経験したことにあったと考えられるのである。

2　武家政権成立の理由をめぐって

当時の人々は、武家政権成立をどのようにみていたのだろうか。前述の如く、慈円は日本国の歴史総体を道理が衰退していく過程として把握していたが、人間社会における主体的働きかけへの評価を放棄していたわけではない。衰退の七段階について述べたのち、「コノヤウヲ、日本国ノ世ノハジメヨリ次第ニ王臣ノ器量果報ヲトロヘユクニシタガイテ、カヽル道理ヲツクリカヘツクリカヘシテ世ノ中ハスグルナリ」（巻第七）と述べているように、衰退していく中においても「道理」を「作り変え作り変えして」いくとみているのである。ここには、衰退した時代にはそれなりの対応、新しい仕組みの創設がみられるとする見方があって、武家政権成立も世の中が衰退していく過程における必要な対応、とみなされるのである。彼の武家政権成立事実への時代評価は、武士が武力をもって天皇とその政治を守護しなければならなくなった時代とみるものであって、武家政権出現は時代が必要としたものであるとする認識であった。この点は、平氏滅亡の舞台となった壇ノ浦で、三種の神器中の宝剣が失われてしまったことについて、以前は天皇家の祖先神天照大神・八幡大菩薩がこの剣に乗り移り武の分野で天皇を守ってきたが、今は武士の大将軍が世を支えるようになり宝剣も必要なくなったので自ら姿を消したのだとする解釈や、彼の一族九条家の三寅という二歳ほどの幼子（元服後、頼経と名乗る）が将軍候補として鎌倉に下向したことに関しての、末代となってから摂関家が天皇を後見してきたが、保元の乱以後乱世となってさらに武士の大将軍の武力も秩序維持に欠かすことができなくなってきたのであるとする解釈、さらに実朝が暗殺された今では摂関家中の九条家から四代将軍を出し、文武合体して世を守り天皇を後見すべきことになったのだとする解釈、等によく現われており、後鳥羽上皇の倒幕計画への批判もこの見地からなされているのである。

彼の認識は、武家政権というものは、保元の乱以後の乱世にあって天皇とその平和秩序を守るために不可欠の存在となってきたとするもので、武家政権出現は悪化した時代が必要としたものとみているのである。怨霊の存在を認める等、今日の常識とはかけ離れた彼の呪術的解釈をいえばきりがないが、この武家政権成立必然論は、「進歩発展一元史観」によってこの時代を理解し、彼の「下降史観」を歴史の進歩を理解できない古代勢力の認識の限界とみなした現代の歴史家よりも、はるかに現実を見据えていたといえるだろう。

3　末代観と海退認識

当時の人々において、現代を末の世とみなす見方は正に共通認識となっていたのであるが、沿海地域に住む人の間には、海退認識もそれに付随するものとして存在していた。鎌倉に住んだ源実朝の和歌に「山はさけ　海はあせなむ世なりとも　君にふた心　わがあらめやも」（『金槐和歌集』六八〇）がある。末の世にあっても、己の上皇への忠誠心は変わらないという後鳥羽上皇への思いを詠んだものとして知られているが、海水面変動への関心と時代評価との関連という面からも、注目すべきものがある。それは、上皇への忠誠心も廃れつつある世の中の末世状況を「山はさけ、海はあせなむ世」と比喩した点にあり、ここから、当時の特に海辺地域の人々の意識にあって、海退認識と末世認識とが対応する形で存在していたことが窺われるのである。

海退を伝えるものとして、他に『吾妻鏡』建保四年（一二一六）正月十五日条が語る江ノ島への道路出現記事があげられるが、そこからも実朝の和歌と同じく、海退認識と末代認識とが対応していることが窺い知れる。

十五日、己巳、晴。相模国江嶋明神に託宣有り。大海忽ち道路に変ずと。仍つて参詣の人、舟船の煩ひ無し。鎌倉よりはじめて、国中の緇素、上下、群を成す。誠に以つて末代希有の神変也。三浦左衛門尉義村、御使と為て其の霊地に向ひ、帰参せしむ。厳重の由、之を申す

海退によって孤島であった江ノ島に通じる道が出現したことが述べられている。「相模国江嶋明神に託宣有り」とあるのは、当時この現象を江島明神の託宣によるものとする解釈が当事者の方から流布され人集めに喧伝されていたことを示している。注目すべきなのは、このことへの『吾妻鏡』の解釈で、「誠に以つて末代希有の神変也」と述べている点である。実朝の和歌や『海東記』に「海が干上がる」事実が認識されていることなどからも想定できるよう

に、当時鎌倉近辺の人々の間に海退認識が存在していたことを踏まえると、海退そのものが末代の異常な自然現象として認識されていたことを示すものであろう。この時期の末代意識は、政治・社会面だけでなく自然認識をも含む危機意識となって社会不安を醸し出していたのである。

四　十二世紀における気候変動の把握

1　海水面変動表が示す情報の限界

海水面変動表から十二世紀を位置付けると、海水面が、一一〇〇年直前頃現代水準より六〇チセン《チセン》ほど上昇していた状態から（ロットネスト海進第二頂点期）海退方向に転じ、一四〇〇年代半ばの最低下期に向かって下降し始めた、最初の世紀にあたるということができる。

したがって、海水面変動表上だけから見ると、十二世紀前半の海水準は、十一世紀後半と同じく二〇〇〇年間で最も高い形になり、平均気温のあり方としても最も温暖化していたようにみえる。また十二世紀後半についても、世紀末頃現代水準より下回り始める形となっているが前半はまだ現代水準より高い状態で、全体的にはここ二〇〇〇年間でかなり高い方に属する現代と同じかやや高い水準にあったことになる。したがって、海水面変動表から十二世紀の気候のあり方を理解しようとすると、冷涼化に向かい始めてはいるが、まだ他の世紀に比べて相当温暖化していたということになるだろう。

しかし、ここにみることのできる傾向性と平均的時代水準は、あくまでも海水準に表れた地球的規模における大局

表1　フェアブリッジの海水面変動曲線

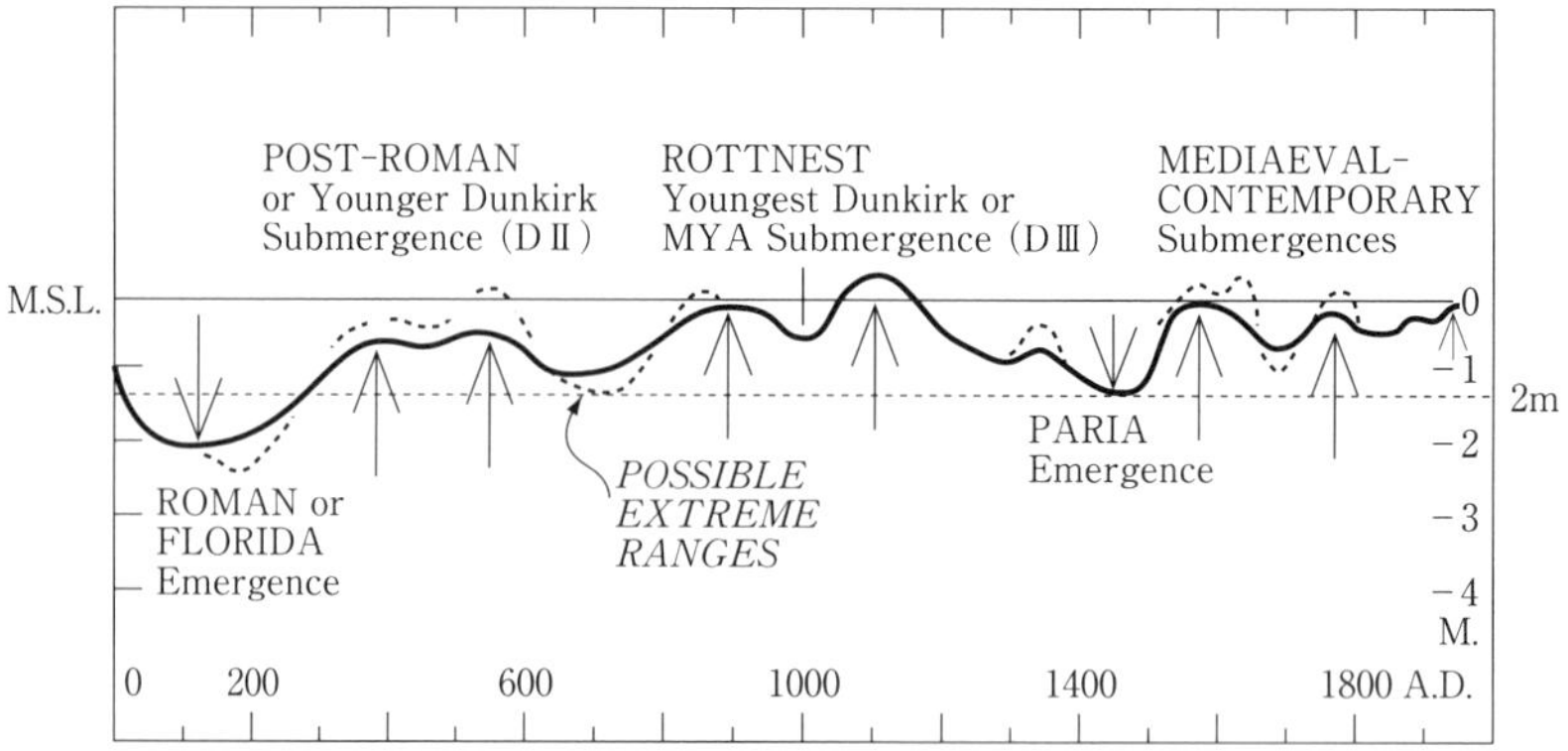

註　フェアブリッジの論文によると，パリア海退は現在の海水準より最大で２メートルの低下，ロットネスト海進は0.6メートル～１メートルの上昇とあるので，この表のパリア海退の最大低下の位置に合わせて低下２メートルを示す線をいれておくことにする．

的平均的傾向としてのものであって、これを個別年や個別時期の歴史分析に利用する際には、その限界をも理解しておかねばならないだろう。一つには、海水面変動表は、あくまで海水準の変動の跡をできるだけ詳しく捉えようとしたものであって、もしそれが細部にわたって正確に捉えられている場合でも、各地域における気温の変化を直接的に示すものではないという点である。個別具体的地域における気候は、実際には、地域的独自性をもちながら、年ごとにあるいは何年かごとに冷暖をジグザグに繰り返しながら進行していくものであるのだから。もう一つは、フェアブリッジの変動表は、その全体的傾向性において、現在のところ、最も正確に海水準の変動を跡付けているといいうるものではあるが、全ての時期の詳細なデータに基づいているわけではなく、実際上は、いくつか確実な証拠のある離れた時期の点と点とを結んだり、特定時期について跡付けうる変動をつないだりして、全体として一つの曲線で表しているに過ぎないことから、その間の小刻みの上下変化までは十分に捉えきれていないという点である。すなわち、海水面変動曲線は、気候の地球的規模における大局的平均的傾向を捉えている点で極めて貴重な情報源なのではあるが、それは万能ではなく、個別年や数年に及ぶ個別時期についての気候の細かい上下の動向を示すものではないのである。

したがって、特定時代の歴史事象の背景として気候を考察対象に含めようとする場合、海水面変動曲線によって大局的方向性を掌握した上で、さらに別の手段によって個別年や個別時期のことについての手掛かりを得ることができれば、分析の精度はさらに高まるだろう。この限界を補い得る手掛かりとして異常気象や飢饉などを伝える文献の果たす役割は大きいが、個別年（年々）の気候を樹木の成長幅に反映している年輪に着目することも有効であると考えられる。ここでは、屋久杉の年輪を手掛かりとして、武家政権成立への時代にあたる十二世紀に焦点を当てて、基本的情報を得ることにしたい。

2　屋久杉の年輪成長幅が示す情報

屋久杉の年輪幅から情報を得るに当たっての前提として、その年輪に影響する要因についての基本的了解を述べておこう。まず同一樹木について、それが生育している周囲の環境が変化することで生育条件が変化するなど個別的条件の変化が年輪幅に反映する場合の要因として、次が考えられる。

a　周りの高木が伐採や自然枯死するなどした場合、気候条件に関わらず、以前より日照量が多くなり生育条件が助長されると考えられること。

b　逆に、ある時期に樹木の根の回りを踏まれる頻度が高まるなどのことが生じた場合、気候条件に関わらず、生育条件が阻害されると考えられること。

c　同一樹木の同じ年の年輪幅においても枝が出ている部分などに大小の偏差が生じる場合があること。

このうちａ・ｂについては知りうることは困難なので、その問題をはらんでいることを了解した上での考察という

森林総合研究所正面玄関ホール展示の屋久杉の年輪
上：横断面（森林総合研究所提供），下：部分拡大（荒木誠氏撮影）

ことになる。cについては年輪を全体的にみることで考慮できるであろう。問題は、地域的偏差で、地域によって気温の違い、日照量の違い、雨量の違い、養分条件の違いなどがあり、それが年輪成長幅に影響を与え、同じ年でも地域的偏差が生じるという問題である。屋久杉の年輪を利用するにあたり、この地域的偏差という点から、屋久杉の生育条件に関して言及しておこう。

屋久杉は、屋久島の宮之浦岳（標高一九三五メートル）を主峰とする標高一〇〇〇メートル以上の山々の、海抜七〇〇〜一六〇〇メートルの場所に生えているため、成長幅が狭く数千年に及ぶものがあり、気候・気象データの宝庫として注目されてきた。この屋久杉が育つ環境については、太平洋からの上昇気流に運ばれた水分が大量の雨となって山腹に降り注ぐという地域的特徴があるので、まず豊富な雨量条件は年々ほぼ一定であり続けたとみることができるだろう。次に日照量については、この地域は雨量が多くまた霧に包まれる頻度が多いので、この条件もひと先ず年々一定であったと考えておく。養分供給条件についても、屋久杉が生育している場所においては、周囲の痩せた土からの養分供給量もほぼ一定で年ごとの違いはあまり考えられない。決定的なのは、やはり気温の要因で、年々の平均気温の違いが年輪幅の広狭に反映される割合が最も高かったと考えられるであろう。

　したがって、本書では、屋久杉の年輪幅には年々の平均気温の違いが最も反映されているとみる立場にあるが、これによって本土の気候のあり方を知ろうとする上で、考慮しておかねばならないことがある。それは、屋久島は、本州や九州本島より南の海上に位置しており、本土が北からの寒気の南下によって冷涼年となった場合でも、屋久島にはそれが及ばないこともありえたと考えられ、その点で寒気の影響が及ぶ比率は本土より小さくなることである。このことを逆にいえば、屋久杉において成長幅が狭い年は、本土も冷涼年であった可能性がより高くなるということができるのである。資料とするのは、森林総合研究所所蔵の樹齢約一四五〇年の屋久杉の年輪である（森林総合研究所の荒木誠氏に撮影して頂いた当該時期部分の写真に依拠して考察する）。

　以下の分析結果からは、巨視的には、年輪幅からの情報と海水準変動からの情報が大局的に対応していることが判明するが、微視的には、海水面変動表では捉えられていなかった個別時期における細かい上下の動向を知ることができるのである。

3　屋久杉の年輪成長幅と飢饉

(1)　西暦一一〇〇年以前の時代

十世紀前半（九〇〇〜九五〇年）については、西暦九〇〇年頃から約四半世紀分は年輪幅の広い年が多いのに対し、次の四半世紀は狭い年が連続しており、温暖期から冷涼期への移行が反映されているといえよう。これは海水面変動表で九〇〇年頃に上昇の頂点があり、以後低下している事実とほぼ対応している。十世紀後半（九五一〜一〇〇〇年）については、飛び飛びにやや成長幅の広い年が点在するが、基本的に極めて成長幅の狭い年が密集しており全体的に冷涼な時代であったといえるだろう。この点も海水面変動表と大局において合致しているが、西暦一〇〇〇年に近い時期は少し幅広い年が連続している点は海水面変動表からは知りえないところである。十一世紀前半（一〇〇〇〜一〇五〇年）については、初めの二〇年ほどは幅が極めて狭い年が密集しており、その後三〜四年は例外的に幅が広い年の重なりが見られるが（一年分だけはかなり広い）、その後の二〜三〇年は狭い年が連続している。全体として成長幅が極めて狭い時代である。これも、大局的には海水面変動表と同一傾向を捉えているといえるが、二十年代に数年間暖かい年があったことは新たに知りえたものである。十一世紀後半（一〇五一〜一一〇〇年）については、初めの一〇年強の期間はまだ狭い年の連続をみることができるが、一〇六〇年代に入ってから一一〇〇年頃にかけて、一〇八〇年代から一〇九〇年代前半に狭い年のあることを除いて、全般的に幅広い年が目立つ。これは大局的に海水面変動表の示すところと基本的に合致しているといえる。ただし、特に一〇七〇年代と一〇九〇年代後半に極端に幅広い年が連続していること、逆に一〇八〇年頃から一〇九五年頃までの間にやや狭い年が連続している事実は新たな知見である。

(2) 十二世紀の状態

この十二世紀は武家政権成立に至る時代である。海水面変動表が示すところによると、一一〇〇年頃の海進の頂点から十二世紀初頭に入ると直ぐに海退方向に転じて、以後ひたすら海退方向に進んでいる形となっているが、この十二世紀に入った直後の半世紀の時期についてはまだ現在よりも相当温暖化していたようにみえる。しかし、個別年のあり方を伝える年輪幅が示すところからは、海水面変動の傾向曲線からは知りえない事実も判明してくる。十二世紀前半については、一一〇〇年頃までは広い幅を維持していたのが、この世紀に入って一、二年後から一〇年弱の間やや狭い年が連続した後、一一一〇年過ぎ頃からやや幅広の年が七、八年続き、その後十数年間ほどは狭い年が多くなってくる。その後五、六年幅広年が続くが、四〇年代半ば以後頃から五〇年代にかけては狭い幅の年が多くなっている。すなわち、十二世紀前半においては、一一一〇年過ぎ頃から七、八年間と一一四〇年代半ば頃に幅広の年の連続をみることができるが、それを除くと全体的にはむしろ狭い年が多くみられるのである。海水面変動表からは、まだ温暖化状態にあったところから徐々に冷涼化していくという傾向性しか想定できなかったが、屋久杉の年輪幅からは、ジグザグはあるが全般的に冷涼化時期が多くむしろいきなり相対的冷涼期となっていたことが想定されてくるのである。海水面変動表からは知りえない情報である。十二世紀後半については、四〇年代末頃から始まったやや幅狭の年が五〇年代を通して続いている。六〇年代にはやや緩和されるが、七〇・八〇年代は、また狭い年が多くなっていることがわかる。これも大局的傾向としてみると海水面変動表から知りうるところと矛盾するほどの情報ではないが、六〇年代にやや緩和された年が続くという振幅のあり方は新知見である。

以上の屋久杉年輪幅が示す事実は、海水面変動表が示すところと大局的には同じ傾向を示していると判断できるのであるが、個別年あるいは個別時期における寒暖のあり方が判明することによって、海水面変動表では捉えられない独自な面がみえてきたことに注目すべきであろう。本書のテーマに関わるいくつかの点について触れておこう。

①　一一〇〇年頃の頂点に向かう十一世紀後半については、初期においては幅が狭く後になると幅が極端に広くなっているという点で、大局的には海水面変動表と同傾向を示しているが、微視的には一〇八〇年代から一〇九〇年代前半がそれほど幅広くなっていないのは、この時期それほど温暖ではなかった可能性を示している。この半世紀は巨視的には冷から暖への時代といえるが、微視的には、冷から暖、暖から冷、冷から暖と、変化を繰り返していたことになる。

②　武家政権成立時代＝十二世紀論にとって最も興味深い事実は、海水面変動表が示す、一一〇〇年頃に向かって上昇してきた海水面が一一〇〇年頃を過ぎると一転して海退方向に向かったという事実の背後に、いかなる寒暖の現象が存在していたのかという点である。年輪幅はこの点を明らかにしてくれる。すなわち、なだらかな曲線で描かれる海水面変動表における軌跡では、一一〇〇年頃を過ぎると少しずつ低下していく姿を読み取れるだけであるのに対して（これは大局的傾向としては決して誤りとはいえないのであるが）、年輪成長幅からは、いきなり幅の狭い年が連続して出てくることがわかり、一一〇三〜〇九年頃の間は最温暖期とはいえず、むしろ相対的冷涼期といった方がよいのである。おそらく農業生産性も、悪化していたであろう。海水面が上昇傾向から下降傾向へと急転回し、その後下降傾向が維持されていった背景には、徐々にではなく、いきなり冷涼な年が連続していたという現実が存在していたのである。したがって、一一〇〇年代前半の五〇年間（十二世紀前半）について、海水面変動表ではまだ現代水準より上昇していることをもって最温暖期であったと考えがちであったが、気候としてはむしろ冷涼期と温暖期が交互に現われながらも冷涼化傾向が勝っていてそれが進行した時期とみなさねばならないことになる。すなわち、武家政権成立への前提となる一一〇〇年頃から以後の時期は、温暖状態から

徐々に冷涼化の方向に進んだというのではなく、いきなり冷涼期が現われ相対的温暖期と交互に存在しつつも、大局的に冷涼化の方向が強くなっていったとみなすことができるのである。この、冷涼状態が間欠的に存在し次第に支配的になっていったという自然条件の変化が人間社会に与えたダメージは大きく、それに発した社会的矛盾・政治的矛盾の激化が武家政権成立の基本的環境を形成していったと考えられるのである。

③ 第三は、狭い幅の時期がほぼ飢饉が生じた時期に相当すると考えられる点で、十二世紀における狭幅の時期と対応する飢饉（後述）についてあげておこう（西村・吉川 一九三六）。

a 一一〇〇年を過ぎ二〜三年たってから一〇年ほどの期間は、狭い年が密集している。この時期については文献資料が不足しており、のちの史料から天永元年（一一一〇）頃飢饉があったことが窺われる程度であったが、それ以前の十二世紀に入り二〜三年後から冷涼化気候となっていたことが基底的影響を与え、凶作・飢饉が連続していた可能性が想定できる。その点で『中右記』長治二年（一一〇五）四月二十四日条が伝える、疫病が流行し鴨河原に死骸が充満していた事実は、一一〇五年段階で飢饉状態となっていたことを示していると看做してよいであろう。これは、一一〇三年頃の狭幅期に生じた凶作に端を発して飢饉状態が続いていたことを示すものであろう。最温暖期を過ぎて十二世紀に入ってからの最初の飢饉ということになるが、具体的展開を明らかにするのは今後に委ねざるをえない。

b 一一一〇年代末以後十数年の間（二〇年近くの間）は狭い年が多くなってくる。この時期については少なくとも三つの飢饉が知られている。元永元年（一一一八）以来の数年間の飢饉（元永の飢饉）と大治二年（一一二七）以来の数年間の飢饉（大治の飢饉）、長承二年（一一三三）年以来の四、五年間の飢饉（長承・保延の飢饉）を含んでおり、飢饉時代ともいうべき時期であった。

c　一一四〇年代末頃から五〇年代を通して六〇年代初頭へと続く時期も悪化した状態を示している。一一五六年の保元の乱の前提となった久安六年（一一五〇）以来の久安・仁平・久寿の飢饉や、平治の乱後の応保元年（一一六一）の飢饉までが含まれる。

d　一一七〇年代も飢饉状況が慢性化して治承四年の内乱勃発の前提を成している。平治の乱後何年かしてある程度の政治的安定がもたらされたことと、一一六〇年代に入ってから数年後から年輪幅の縮小状態が緩和していたことが対応しているが、その後一一七〇年代に入り再び社会的矛盾と政治的対立が激化して武人政権が生み出される前提が作られていったことと、一一七〇年代の年輪幅縮小の事実とが図らずも対応しているのである。

e　一一八〇年代も悪化状態にあった。一一八〇年の凶作に始まる養和の飢饉は、西国の旱魃が主要因で戦乱の影響も加わって飢饉状態が慢性化して、内乱の背景となっていたことが指摘されてきたが、全般的に気候が冷涼化していた時代であって、この面の影響も考慮すべきであろう。

一一一〇年以後の時期に関して気になるのは天永元年（一一一〇）の飢饉の存在についてである。これについては後述のように史料が不足していて、どの程度の飢饉であったのか知りえない。この時期の冷涼化については「有史以来最大」との評価もある天仁元年（一一〇八）七月二十一日の浅間山の噴火との関係が問題になってくる。火山灰の降り方（噴火のあり方に関係）をめぐって、上野国の特定地域に大量の火山灰を降らせ上野国に大打撃を与えたことが明らかにされているが（能登　一九八九、早田　一九八九）、地球規模で空中浮遊塵をもたらすに至ったものか否かについては、今のところ確実なことは判明していない。これは噴煙の及んだ高度に影響されてくる問題であると思われるが、今後の課題としたい。

第二章　社会状況論からみた保元の乱

十二世紀前半は、軍事・警察機能を武士が担う必要性が中央において重要視され始め、世紀後半にその政治的力・地位の急速な上昇が生じ武人政権が成立してくるに至る前提が準備された時代であったといえよう。問題の焦点は、この背景をいかなるものと理解すべきかにある。従来、生産力の発展が想定され、そのことが武士の中央への進出を可能にし、さらに武家政権を生み出した条件となったと考えられ、何の疑いも挟まれないままであった。しかし、実際には、この時代は飢饉が間欠的に生じており、とても生産力発展がみられたなどとは評価できない時代であった。むしろ生産性が行き詰まり後退する局面が頻発しており、そのことが社会的矛盾を激化させ、社会秩序・治安維持において武力に頼らざるを得ない必要性を高め、中央政界における武士の活動を必然化したものであったと理解すべきものなのである（磯貝　二〇〇八A・B、二〇一〇、二〇一二）。

すなわち、この世紀を通じての気候冷涼化の緩慢な進行に伴って農業生産性の後退傾向がもたらされ、その中で間歇的に生じた収穫高の大幅減収がたびたびの飢饉に結果したために、徴税をめぐる対立の激化という事態がしばしば生じて、次第に諸社会矛盾が激化し拡大していったのである。社会矛盾は、基本的に地方から徴収される租税によって組織を維持し生活している中央支配者集団と租税を負担する地方の人々との間に存在し続けたが、その矛盾対立が強まる中で、中央支配者集団内部における政治的対立・矛盾も次第に高まって、ついに和解しがたいところにまで至る。軍事的衝突は、この中央対地方という対立と、中央支配者集団内における亀裂とにおいて生じてくる。この二つの側面のうち、常に基底にあったのは中央対地方の徴税をめぐる対立でそこから散発的に軍事衝突が生じることがあったが、武家政権成立への政治的動きとしてみると、まずは中央支配者集団内に発する動きが重要となってくる。それは、保元の乱の前提として生じていた地方における散発的軍事衝突の背後には中央における有力権門間の対立が潜在して、その代理戦争という面があったからである。

武士の政治的進出への経路は、上述の矛盾の激化に対して、危機を回避する役割を果たすべき存在であった中央政府による統制が行き詰まり、その政治的調整の枠内で収まりきれないほど亀裂が広がり、中央における武力衝突が必然化され、その繰り返しの中で中央における軍事・警察機能を担う勢力が政治的力を増大させていった過程としてみることができ、その流れの先に武家政権の成立があると、大筋で見通すことができる。

一　十二世紀前半における飢饉と社会状況

1　頻発する飢饉と伊勢平氏の台頭

武家政権成立期における飢饉としてよく知られてきたのは、鴨長明『方丈記』で有名な治承の内乱勃発直後の「養和の飢饉」と保元の乱直前に起きている「久寿の飢饉」くらいであった。また、その歴史展開との内的関連もほとんど明らかにされないままの実情であった。これ以外にも一定の間隔で飢饉が起きていることは、前述のごとく年輪成長幅に関連して言及してきたところである。問題は、それら飢饉状態の間欠的生起と社会・政治のあり方との内的関連にあることを、まず強調しておかねばならない。それらの積み重ねこそ、社会的矛盾、緊張の蓄積というべき影響をもたらしていった基本要因であった。ここに、この世紀の農業生産性の時代的特徴を見出さねばならないのである。

この時代は、前述のごとく年輪成長幅にほぼ対応していることからも裏付けられたように、飢饉状態が大きくなったり小さくなったり、そしてほんの一時的に解消に向かうようにみえたりしながらも、大局的には飢饉状態が蓄積されていった時代とみなすことができる。また、それに応じて社会的矛盾対立も和解しがたくなり、社会秩序の維持や紛争解決の上で、武力に依存せざるを得ない比率が次第に大きくなっていく過程としてみることができる（磯貝 二〇〇八A・B）。このことが、平正盛―忠盛―清盛へと続く伊勢平氏台頭の条件になっていたのである。以下、まず長承・保延の飢饉（長承二年〈一一三三〉～保延年間〈一一三五～四一〉）までの、世紀前半の飢饉について概観しておこう。

一一〇二、三年頃から一一一〇年頃まで続いた相対的冷涼化期

この時期については今まで飢饉を読み取りうる史料が乏しかったため、『山槐記』治承二年（一一七八）正月七日壬寅条「今暁巽方彗星出、天文参陣、……天仁三年五月見東方、同年六七月洪水飢饉」とあることから、天永の飢饉（天仁三年七月十三日天永と改元、一一一〇年）が想定される程度の認識であった。これは治承二年正月七日の明け方巽の方向（東南）に彗星が現われたことについて、天文博士を陣定の場に呼び、前例を述べさせたおりに、天仁三年（一一一〇）五月にも同様のことがあり、さらに同年六・七月に洪水があり、飢饉に結果することになったという過去の事例が示されたものである。しかし本書では、すでに屋久杉の年輪成長幅から一一〇〇年を過ぎて二～三年後から以後一一一〇年頃まで成長幅の狭い時期が連続していたことを確認できること、さらに史料的根拠として『中右記』長治二年（一一〇五）四月二十四日条によって疫病が流行し鴨河原に死骸が充満していたことが知られ、一一〇五年段階で飢饉状態を想定できることなどから、この時期においては飢饉状態が続いていた可能性を指摘してきた。これは、最温暖期を過ぎて最初の飢饉ということになる。まさに海水面が上昇していた状態から下降に向かい始めた

時期を象徴した飢饉であった。海水面が明確に下降する方向に転回した場合、かなりはっきりとした冷涼化現象を伴うものなのかもしれない。

この時期は延暦寺・興福寺等の僧徒の内紛や強訴が頻発し、それを防ぐために源平二氏の武力の役割が期待された時代であった。また源義親事件が惹起して、それを平正盛が嘉承三年（一一〇八）正月に討伐して、武名を揚げ武家の棟梁に成長していくきっかけになっている。この時期の社会状況と政治状況との関係について具体的展開を明らかにするのは今後の課題とせざるをえない。

一一一〇年代終わり頃から約二十年間の相対的冷涼期

〔元永の飢饉〕　この時期の飢饉として文献から最初に見出せるのは元永の飢饉で、しかも冷涼化に関連した明確な記述も確認できる（磯貝　一九八九）。元永元年（一一一八）の春から初夏（四月）にかけての霖雨や寒気が初夏の麦凶作をもたらし、さらに霖雨はその後も引き続き六月だけでなく八月にも生じていたが、基底には冷涼化があったと考えられる。そのため秋収が凶作となったのであろう。この年は、すでに麦秋が凶作であったため、飢饉状況は早くも元永元年八月に生じ、都では多くの餓死者が出ており（あるいは前年秋もある程度の凶作だったのかもしれない）、白河上皇は、元永元年八月、穀物倉を開いて貧窮者に賑給している（『百錬抄』元永元年八月「近日、京中多餓死者、上皇開御廩賑貧窮」）。秋収時には、凶作とはいえある程度収まるが、すぐに悪化し、翌元永二年二月には、都で民衆の飢餓状態、餓死者続出、治安の悪化、それを背景とした連夜の放火・強盗騒ぎが記録されるようになっている。『中右記』の筆者中御門右大臣藤原宗忠は、「上に其の尋ねなく下に沙汰せざるの致すところか、誠にもつて恐れあり。下人の心慎まらざる」と、犯罪を取り締まる能力の衰退が社会不安をもたらし、下層民衆が不穏な動きをしかねない状態になっていると、述べている（『中右記』元永二年二月十八日条）。また『中右記』同二年二月三十日条によると、検非違使成国が宗忠の所にやってきて、昨夜、治部大夫時忠が強盗によって切り殺された話を伝えたことを記したのち、最近都で連夜強盗が人家に侵入して殺害される者が甚だ多くなっているのは、使庁の力が及ばなくなっているためである、と嘆いているのである。このように治安が悪化して賊の数が増してくると、都の人々の間で、それを取り締まるために軍事・警察力の増強を要請する気持ちが強くなっていくであろう。従来からの公的警察組織が衰退してきた当時にあっては、そのような治安の悪化は、より強力な私的軍事力を備えた武家の棟梁の出現を期待させざるをえないことになっていく。このような期待に応えたのが平正盛で、彼は命をうけて元永二年五月には都中の強盗逮捕を行っているし、十二月には鎮西の賊徒を討ち帰京し、従四位下に除せられている。伊勢平氏が、都において、軍事貴族としての地位を高めていった背景には、冷涼化傾向に伴った飢饉状態の間欠的惹起、それに伴う治安の悪化という事態が存在していたのである。

〔大治の飢饉〕『中右記』によると、大治二年（一一二七）七〜九月と霖雨が続き、特にしばしば大雨に見舞われていた。七月十八・十九日の大雨で都では道路が不通になっており、七月二十四日には止雨奉幣がなされている。八・九月も雨が多く、八月七日にも止雨奉幣使が遣わされている。凶作の恐れは、すでに七月二十日条に「天下損亡歟」とあるように七月段階から懸念されていたが、九月二十九日条には「諸国多く損亡の聞え有り」と、実際に諸国から凶作の報告が入ってきている。これらは、翌年の飢饉状態をもたらすことになるが、その大治三年も凶作となったため、大治四年五月には、朝廷で特に被害が大きいと判断した伊予・土佐・加賀について一年の徴税免除が決められている（『中右記』大治三年五月十八日条。『長秋記』五月十八日条「彼国損亡事、挙国一年被給復有何事哉、皆一同定也」）。朝廷の国司を通じての公的機能が一応は維持されているとはいえるだろう。このような中で、伊勢平氏や河内源氏に活躍の場が与えられていく。大治三年五月二十八日には、源為義が新院武者所友季殺害犯を捕らえている（『中右記』

「目録」)。大治四年三月には備前守平忠盛に山陽・南海道の海賊を追捕させている(『朝野群載』一一)。大治四年十一月十一日には興福寺僧徒が大仏師長円に乱暴したとして、検非違使源為義らが南都に派遣される等のことがあった(『中右記』)。

〔長承・保延の飢饉〕　長承二年(一一三三)は三・四月に水不足に悩まされていたが(『中右記』三月二十日・二十八日条、四月九日条)、八・九月は逆に霖雨に悩まされる中で凶作となっている(『中右記』八月二十四日条、九月八日・十六日条)(『百錬抄』同年八月八日条「近日秋雨難晴、稼穡多損」、『長秋記』同年九月十・十一・十二日条)。おそらく底流に冷涼な気象があったのであろう。翌長承三年食料不足が甚だしくなるが、その後も回復せず飢饉状況が連続していく。この長承三年も五月後半から六月中旬にかけて霖雨となっている(『中右記』)。『百錬抄』同年五月条には「近日霖雨洪水、京中路頭、往反不通、七道五畿有此愁」とあって、霖雨のため京都だけでなく全国的に洪水や道路が不通となる事態が生じていたとみえる。また九月も霖雨となっているが、『中右記』九月十二日条には「晩景雨頻降、風大吹、京中舎屋散々、今年洪水、大焼亡、風災」とある。この日は台風に見舞われたのだろうか。また、この年は洪水・大火災・風害が重なって人々の不安を煽った。『百錬抄』同十二日条には「大風殊に甚し。樹を抜き屋を顚す。諸司の官舎、京中の人屋、一宇として全うせず。今年、風・水・火の三灾《(災)》並び起きる」とあり、年末の記載に「今年以後、天下飢饉」とある。『中右記』同年閏十二月三十日条には「今年風水損、秋末に臨んで天下大いに咳病す。万人之を煩ひ、凶年と云ふべき也」とあり、秋の末には「咳病」(咳のでる悪性の風邪か)が流行った。この年は、大火災に加え、風害・水害も重なり、「三災並び起る」といわれたが、自然災害として風・水の災だけでなく、ここに明確に表現されえない陰冷な気象が総体として農業生産性を弱めた可能性が高い。長承三年閏十二月十二日には、平忠盛の家人平家貞が海賊追捕の功によって左衛門尉となっている(『中右記』)。

長承四年（一一三五、四月二十七日に「疫疾飢饉」〈『百錬抄』〉により保延と改元）も、三月になると飢饉状況が甚だしくなり、三月十七日、鳥羽上皇は京中に臨時の賑給を行っている。『中右記』三月十七日条には「院、臨時に京中に賑給す。於河原において之を給ふ。千万人集会すと、云々」と、『百錬抄』三月十七日条には「上皇、法勝寺において、米千石をもつて、之を飢饉の貧賤に賑はす」とある。賑給の用意のための作業は鴨川の東側にあった法勝寺で行われ、鴨河原に集まった貧窮民に施与されたということであろう。さらに同年四月八日条には「此間、上皇、播磨国別進米三千石を以て、東西両京の貧窮を賑はす。天下飢饉に依る也。世以つて無遮の大会と為す」とある。「無遮の大会」とは、「道俗・貴賤・上下の別なく来集したすべての人々に一切平等に財と法を施す法会」（『広辞苑』）である。仏教精神による対応として行われたのだろう。『百錬抄』四月八日条には「諸卿、関白直盧において、国々海賊の事を定申す。備前守忠盛朝臣を以て、新たに追討使に定む」とある。現地勢力の中から官物等の中央への納入を妨害する等の事件を起こす者が出てきたことを示している。朝廷は、また活発化してきた海賊への対策をとる必要に迫られることになった。飢饉状態が海賊の活動を活発化させていることがわかる。この四月八日追討使に命じられた平忠盛は、八月十九日には捕らえてきた海賊三十余人を検非違使に引き渡している。忠盛の子息清盛は、この功績によって同八月二十一日従四位下に叙せられている（『公卿補任』四五〇頁）。飢饉情況と海賊問題は密接に連関していたが、この海賊追捕は平清盛の出世の糸口となっているのである。治安対策の課題は、元永の飢饉においても必要性が痛感されていたが、このような現象を繰り返す中で、従来の治安維持の組織だけでは足りず、より強力な武力を備えた武士団が必要とされ、その台頭を促すことになる。伊勢平氏進出の背景として無視できない。

飢饉状態と疫疾の流行が引き続く中、長承四年四月二十七日には攘災招福を祈って、保延と改元する（四月二十七日「改元、依疫疾・飢饉也」）。これは災異改元である。それにもかかわらず、飢饉状況と疾疫はやまず、保延元年七月一日崇徳天皇は、対応策を募るために諸道の専門家たちに勘文を進めるよう命じた（七月一日「天下飢饉・疫疾事、諸道に仰せて勘文を進めしむ」）。藤原敦光が七月二十七日に提出した勘申は、これに応じたものである。『中右記』八月二十四日条には「凡そ近代七道諸国の吏、公事を済さず、天下之大私（乱カ）也」とあり、飢饉状況は全国からの租税徴収完遂を不可能にし、中央財政にも大打撃を与えていた。翌保延二年正月七日『百錬抄』の記事には「節会、公卿の饗に飯無し」とあり、正月七日の節会において公卿にふるまうための饗の飯が用意できないという状態であった。

2　長承・保延の飢饉下の社会状況と政治

長承・保延の飢饉下で生じていた社会的矛盾の具体相・基本的あり方については、保延元年（一一三五、長承四年四月二十七日改元）七月一日崇徳天皇が諸道の専門家たちに飢饉対策を求めたのに応じて、正四位下行式部大輔藤原敦光が七月二十七日に提出した答申書＝『勘申』を手掛かりとして、窺うことができる（磯貝　二〇〇八A）。

敦光の視野に入っていた問題状況としては、中央における財政難問題、国司ルートを通じての徴税問題、その下の社会において生じていた私的高利貸し問題等があったが、中心軸は徴税に関するところにあった。その国司ルートを通じての徴税には、検田を行わない利田請文による場合と検田手続きを経る場合の二つの方法があげられていたが、両方共に現地側にとっては過酷なものがあると指摘している。検田を行わないで利田請文による場合には出挙が強制されるだけでなく、以前からの未進が負債とされるという問題が生じ、また検田手続きを経る場合でも公田官物率法（＝徴税率）を高くする問題が生じる等、過酷な重税が現地社会を圧迫し疲弊させるという事態が展開していた。このような国司に依る徴税が横行する中で、神人・悪僧等が神威・仏威を笠に着て正当な国司の徴税にも応じないという状況が生じていた。その結果、中央に納められるべき物資が集まらないことになり、中央官司に勤務する人々の月俸などが滞る事態となっていた（当然各権門への封戸支給なども滞っていたであろう）。社会状況としては、都で低利で借りて、地方で高利の貸出しを行うという金融業者が生まれていた。その厳しい取り立てによって追い詰められて逃亡したり、妻子を奴婢に売ったりさせられる人々が続出していた。この私的高利貸し活動は、国司による過酷な徴税と相まって、飢饉状況下の農村を収奪するという状況をもたらしていたのである。ただ、鳥羽院政期は荘園寄進が続出し領域型荘園の成立期とされるが、国司による徴税問題を中心に論じた敦光勘申には、神人・悪僧問題への言及はあるものの、荘園乱立問題への言及がみられないという特徴があった。

以上のように敦光の批判的叙述の中に見出された事態は、まさに農業生産額が大幅に減退する中で、国司側の徴税が過去の高水準租税額の維持にこだわって、強引な対処をしようとしていたため、現地側との間に対立が次第に強まっていくという本書で想定している基本図式に適うものであり、また社会的矛盾の蓄積過程において生じていた現象として理解することができるであろう。

敦光の勘申の文章には、長承・保延の飢饉の中で生じていた社会的現象に関して特筆した部分もある。それは第二条で七つの要因をあげた後の総括した部分にあり、それら七要因を一体のものとして捉えるべきことを述べた上で、諸国で生じている社会的動向を指摘したものである。第一は、「諸国の土民」が「課役を逃れむがために、或は神人と称し、或は悪僧となり、部内を横行し、国務を対捍」しているという事態である。実際、この神人や悪僧の乱行対策は、保元元年の新制でも荘園立券・拡大問題対策とともに問題となっているように、この後も継続し激しくなっていくものであった。これは特に飢饉状況が生じるごとに荘園乱立問題と並行してその弊害を大きくしてきたものであるが、十二世紀における飢饉の慢性化状況の中で拡大化傾向を強め、国司の正常な徴税システムへの妨害要因となっていくのである。第二は、「しかのみならず京の中に住むところの浮食の大賈の人、或は近都にして一物を借り、遠国に向ひて三倍を貪る。或は春の時に当り少分を与へ、秋の節に及び大利を取る。もし数廻の寒燠を送るときは、ほとほと終身の貯資を傾けん。窮民はその力に堪へずして、家を挙げて逃亡し、また永く妻子を売りかの奴婢と為らむ。天下の凋残、職としてこれに由る」という事態である。これは、飢饉状態慢性化の中で跳梁する高利貸し活動の問題といってもよいであろう。都に住む「浮食の大賈の人」（寄生的な大金融業者）が「近都」において借りた「一物」とは、稲籾のことであろうか。遠国での高利貸し活動として「春時に少分を与え、秋節に及んで大利を取る」とあるのは、農料の出挙を行っているものと理解してよいであろう。これは、前述の国司による徴税における利田システムと極めて似た行為である。国司ルートと私的ルートと二様の出挙によって、慢性的飢饉状態の中で苦しむ民衆から収奪が行われていたことを示すものであろう。この稲は、元々は徴税や出挙によって中央に吸い上げられたものであった。慢性的飢饉情況の中で、一旦都に集められた稲が、公的あるいは私的な出挙活動の元本として運用されていたことになる。その結果、私出挙で莫大な利益を貪る者と、借財に耐えられず逃亡し、妻子を奴婢に売却せざるを得なくなっていく窮民との、二極分解が進行していたのである。このような形で利益を得る者について、商業の発展として評価する考えが存在するが、この場合、生産力を向上させる動きとは全く無縁な、社会や生産活動に対し破壊的に作用する動きであることを無視してはならない。むしろ不当な収奪者として評価すべきであろう。民衆の一部に妻子を奴婢に売らざるを得ないような場合も生じていた事実は、農村の破壊現象が奴隷制拡大方向に展開していくという側面を有していたことを示している。この活動主体には、神人・悪僧等も含まれていたであろう。

なお、第一条の最後では、疾疫に罹患した僕隷を路傍に遺棄することを問題にした弘仁四年（八一三）六月一日格が引用されていた。遺棄する対象を「僕隷」といい、「平生の日、すでにその力を役すれども、病患の時即ち路の辺に出す」とあるので、普段から召し使ってきた僕隷（奴婢等のことであろう）を、病気になったということで安易に道端に放置してしまい、養う者もいなくてそのまま餓死させてしまうという風潮を問題にしたものである。この格は、弘仁四年段階のことであるが、彼がわざわざこれを引用しているのは、保延元年（一一三五）当時の都においても、同様の疾疫僕隷路傍遺棄問題が生じていたからなのであろう。

第二条第七では、朝廷における租税収取物の内の特に食糧備蓄状態についても言及している。飢饉状態が続き封戸物や大粮等の租税が諸国から納められなくなっていたため、都における食料貯蔵状態が極度に悪化して、都の人々の生活が貧窮する事態となっていたことを指摘しているのである。保延二年正月七日『百錬抄』の記事から、正月七日の節会において公卿にふるまうための饗の飯が用意できない状態であったことが知られるのも、これに対応している。このように中央政府の穀物蔵が満たされていないことは、中央政府財政の極度の悪化を意味しており、中央における上級・下級の役人やその使用人の生活も脅かされていたことを示している。このような事態は、中央政府の公的財政とは区別される院経済＝鳥羽上皇の財政あるいは穀物倉との関係でどうみるべきか、問題になるところである。これに関連して、敦光勘申とは離れるが、非常用食料が如何に賄われていたのかについて、注意を向けておきたい。前述のように、この飢饉状況の中にあっては、院による賑給が行われていた。長承四年（一一三五）三月十七日は法勝寺で用意した米一〇〇〇石分を鴨川の河原に集まった貧賤に施与し、また四月八日までに「播磨国別進米三千石」をもって東西両京の貧窮者を賑わしていたという。三月十七日の賑給のための備蓄食料は、おそらく法勝寺に関係する倉庫に備蓄されていたものではないか。そうであるとすれば、鳥羽院に所属する荘園等からの納入物であった可能性が高いといえよう。さらに四月八日までに東西両京の貧賤に行っていた賑給の米三〇〇〇石は、「播磨国別進米」であった。この場合の「別進」の意味を、播磨国国衙領からの徴収分ではなく播磨国所在の鳥羽院の荘園から納入されたものとみるべきか、播磨国国衙領に含まれはするがその中の特別な部分も含んでいたとみるべきか、今のところ断定は躊躇せざるをえない。ただ、「別進」とあるからには、通常の国司ルートによる中央政府に納入された徴税物でないことは確かであろう。したがって、この院による賑給は、通常の国司ルートによって中央政府に納められた徴税物によってなされたものではなく、鳥羽上皇の政治的力を背景に徴収した院経済に属する穀物によるものであったと推定でき、これは通常の国司ルートによって徴収した物を収める朝廷の「府庫」が空状態になっていたことに対応させて理解すべき事実であるといえよう。このようなあり方は、以前の元永の飢饉における白河上皇による賑給にも通じるところでもある。このことからは、中央政府の財政が破綻状態にあるのとは対照的に、上皇の家産経済の財政状態が相対的に豊かであったというあり方が浮かび上がってくる。院政をめぐっては、今まで、その政治的側面・文化的側面から多くの言及がなされてきたが、飢饉状況の中での、政府の公的財政の悪化状態に反して院の家産的財政が相対的に良好であったという経済的事実には注意が払われなかったところである。鳥羽院政期が領域型荘園の確立期であることや、鳥羽院政期を通じて摂関家の一員をも含む中央貴族層が院の近臣化されていったことが指摘されてきているが、それらの背景に、この飢饉状況の慢性化、政府の公的財政の悪化という事態があり。それが、院経済システムへの従属を強めさせたという面があったといえよう。

なお、後述の保元の乱直後の保元元年閏九月の新制では、神人や悪僧等の徴税妨害行為を是正しようとするとともに荘園整理の課題が最重要化していたのに対し、敦光勘申の場合では、神人や悪僧問題は語られていたが、国司の徴税の妨げとなる荘園立券・拡大問題については全く触れるところがなかった。これは、この時期はまだ政府の統制を逸脱した荘園立券が政府との対立を激化させるほどには到っていなかったことを示すものであろう。

二　保元の乱前夜

1　保元の乱前夜の社会と政治——一一五〇年代の相対的悪化期

(1)　久寿の飢饉と社会的矛盾の激化

保元の乱の社会的背景としては、久寿の飢饉がもたらした諸状況をあげねばならない。この飢饉は久寿年間（一一五四〜五六）以前から尾を引いてきたもので、その発端は少なくとも久安六年（一一五〇）にまで遡り辿ることが可能であって、影響は保元年間（一一五六〜五九）以後にまで及んでいた。年号でいうと久安・仁平・久寿・保元・平治・永暦へと長期にわたって影響を与えた飢饉であったというべきである。これは、屋久杉の年輪から知りえた一一四〇年代末から一一六〇年頃までへと続く気候の悪化期に対応するものであろう。この長期的飢饉状態の要因として、記録に残る記載をみると明確な形で寒冷気候を伝えるものは少ないが、全般的には気候冷涼化が基調となっていた上に、その他諸々の要因が重なって凶作の連続となっていたものと考えることができるだろう。

発端は、久安六年八月四日の台風による風水害、同二十八日の大雨によって全国的に生じた水害等にあった。そのため十一月十三日には、「今夜仗議有り。諸国の洪水に依る。実撿使を申し、且つ色代の宣旨を申すの事也」（『本朝世紀』）とある。諸国から租税減免あるいは代納措置（＝「色代」、多くの場合米の代わりに絹や布等で納税）が求められたのに応じて、公卿の会議でその可否判断の現地調査のための実検使派遣が検討されている。翌久安七年正月二十六日に「去年風水之災に依也」の理由で仁平と改元されたが（災異改元）、四月十一日には「天下の飢饉を祈り申す」ために「伊勢以下九社奉幣使」が決定され、二十二日、伊勢・石清水・加茂上下・松尾・平野稲荷・春日・丹生・貴布禰に発遣されている。これらは呪術的行為によって攘災招福を招こうとするもので、この時代の常套的行事となっている。この飢饉に際する賑給としてまず確認できるのは、やはり鳥羽院によるもので、『本朝世紀』仁平元年（一一五一）六月二十三日の記事に「近日、仙院賑給を行せしめ給ふ、惣民之飢饉に依る也」とある。朝廷の対応としては、仁平元年正月二十六日、久安七年を仁平元年に改元した際に、大赦とともに、「老人及僧尼」に百歳以上・九十歳以上・八十歳以上・七十歳以上の四段階の基準を設けて、施しを行うべき旨を述べていることくらいしか見出せない。「老人及僧尼」に対しての施しが、実際にどの程度なされたのかは覚束ないところである。朝廷財政は欠乏していたのである。これは、元永の飢饉において、都で多くの餓死者が出る中で元永元年八月から白河上皇が穀物倉を開いて貧窮者に賑給している事例や、長承・保延の飢饉の際に飢饉状況が甚だしくなった長承四年（一一三五、四月二十七日に保延と改元）三月十七日、鳥羽上皇が京中に臨時の賑給を行っているのと同様に、朝廷財政が欠乏し賑給が不可能な状態であったのに対し、鳥羽院の経済状態が相対的に豊かであったから可能だったのであろう。

その打撃から立ち直れないまま、二年後の仁平三年（一一五三）は五月の寒気と五月二十五日の洪水、六・七月の旱魃等の害によって秋に大凶作となり、翌年（一一五四、仁平四年十月二十八日「厄運」により久寿元年に改元〈『百錬抄』〉）にはさらに飢饉状況が悪化している。久寿元年四月には、「中宮病」とか「虚子病」とかいわれる病気が流行り、都では死者が続出している（『台記』久寿元年四月二十九日）。諸国からは、「去年の異損」を理由とした租税減免要求が出され、朝廷の公卿の会議ではその対応に追われている（『台記』久寿元年五月二十一日・二十三日）。久寿元年五月二十三日には、「美作、備前、備後、紀伊、淡路、阿波、土佐等の国司申す去年異損の事」（『台記』）の申請をうけて、朝廷では「諸国異損」の状況把握のための対応が話し合われている。

この間、賑給使派遣を天皇に奏上していることが知られる（『台記』久寿元年五月二十一日）が、実際にどれだけのことがなされたのかは知りえない。翌久寿二年（一一五五）五月十九日にも、「諸国異損事」に関しての「公卿僉議」が行われているが（『兵範記』久寿二年五月十九日条）、有効な対策を執れていたわけではない。この飢饉状態が翌年（久寿三年四月二十七日、保元元年と改元）へと続き、乱勃発の背景となっていくのである。

(2) 乱前夜の社会情況

この久寿の飢饉の中で激化していく社会的矛盾は、基本的にまず租税徴収をめぐる中央対地方の対立の激化として現われていたが、保元の乱が惹起することになったのは、さらに中央朝廷社会内に亀裂が生じ、二つの政治勢力が和解し難い対立に到ったことによる。保元の乱の要因については、従来、天皇家内部の対立に摂関家内部の対立が絡み、それぞれ伊勢平氏や河内源氏、その他の武士の一族を分裂させて取り込んで生じたものと理解されてきたように、中央勢力のあり方からのみによる説明がなされてきた。しかし、そのような、天皇家や摂関家の家内部の対立は以前からもありうることで、この場合なぜ両対立勢力が武力に訴えて相手を駆逐しようとせざるをえなくなったのかについて説明するものではなかった。この政治的対立が如何にして生じてきたのかを理解するためには、この時代の社会的背景を踏まえて理解しなければ十分なものにはならない。具体的には、当時の社会における基本的対立のあり方として、中央勢力対地方勢力の間に生じる矛盾・対立と、中央勢力に亀裂が生じて中央勢力同士の間に生まれた矛盾・対立、の二つのあり方から理解していかねばならないのである（磯貝　二〇一〇、二〇一二）。

中央勢力対地方勢力との間に生じる矛盾対立の主軸には国司ルートによる徴税があり、副次的存在として荘園における中央の本家・領家・預所——現地荘園側との間の諸公事・年貢徴収をめぐる対立が存在していた。この保元の乱前夜においては前者を軸とした対抗が圧倒的意味を持っており、後者の対立はまだ潜在状態にあった。この中央から派遣される国司ルートからの徴税攻勢によって生じる基本的矛盾対立は、地方勢力との間で常に一定規模で存在してきたが、特に飢饉時にはそれが激化することになる。この保元の乱前夜においては、久寿の飢饉によりその対立が激化し、それが基底に存在していたが、問題はそれだけでなく、さらに中央勢力間に亀裂が生じその対立が激化してしまった点に特徴がある。すなわち、以前の長承・保延の飢饉の際の藤原敦光勘申において国司ルートによる徴税が地方勢力との間に生じさせた矛盾が基本的課題となっていたのに対して、久寿の飢饉に際しては、その対立を基底に置きながらも、その上に中央勢力同士の間にも対立が生じてきており、特に中央の頂点に位置する鳥羽院・後白河天皇政府と藤原忠実・頼長父子の摂関家勢力との対抗が顕然化・激化し、政治的危機を作り出していた点に特徴がみられた。

この対抗の背景となっていたのが、全国的に生じていた無政府的な荘園立券・拡大であった。この動きは中央の「神社・仏寺、院・宮・諸家」等の権門諸勢力と国司ルートによる徴税攻勢を逃れようとしていた地方諸勢力との結託によるもので、従来この鳥羽院政期が荘園制（荘園公領制）成立の画期とされてきたのも、この事実によるものである。しかし、その意義付けにおいては、本書の捉え方と従来の捉え方とは根本的に違っている。従来、このような事態は生産力の発展を背景とした新たな発展を示すものとみる基底認識によって意義付けられてきたものであったが、本書にあっては、生産力の行き詰まり・後退現象＝マイナス成長を背景として、苦肉の策として行われた動向によって構造変化が進行していったとみなすのである。

国司による徴税で集められた収取物が中央の貴族社会の人々に配分されるという仕組みにおいては、基本的に、中央と地方との間の矛盾・対立が基本要因として存在していたが、飢饉時における生産物総量の急激な減少と平常時における緩慢な減少との繰り返しの中で、国司による現地社会からの徴税が重大な抵抗に直面し行き詰るとともに、取れるところから強引に取ろうとする徴税攻勢も強まる。このことによって、中央対地方の矛盾対立は激化していくことになる。しかし、これが直ちに地方勢力の対中央勢力への一元的な抵抗・対立となっていったわけではない。地方勢力は、国司による、ともすれば負担力を超えた徴税攻勢に直面する中で、まずは、中央の院・摂関家など有力な政治力を有する権門や国家的崇敬の深い寺社などに結びつき、その権威を笠にして国司の徴税を拒む動きをしたからである。これを決定付けた条件は、一方に国家からの配分額が大きく後退することによって収入を減らした諸権門が存在し、他方に国司による徴税攻勢に苦しむ地方勢力が存在する、という状況の常態化であった。

その諸動向の具体的姿は、保元の乱直後の保元元年閏九月のいわゆる荘園整理令で捉えられ、表現されている。そこでは、中央の権門勢家として「神社・仏寺、院・宮・諸家」が、地方勢力として「在庁官人・郡司・百姓」が挙示されている。荘園問題とは、基本的に、この両者が結びつき、荘園立券への傾向が強まり、地方勢力たる「在庁官人・郡司・百姓」たちが荘園の荘官等に補せられ徴税対象から逃れようとしたことで、国司ルートによる徴税が大きな壁に直面し、中央財政の逼迫にさらに力を加えたことによって発生したものである。中央政府としては、このような動きを政府の統制内に抑え込もうとしていたが、実際にはそれを外れて荘園立券に走る動きが強まっていたのである。さらに、すでに政府が容認した荘園にあっても、現地勢力は「加納」とか「出作」等と称して、公認・限定された面積以外に荘地を拡大しようとする動きを強めていたが、これも国司側から徴税できる田地を減らし、政府財政を脅かすことになっていた。

地方勢力の動きはそれだけではない。彼らは中央の権門勢家と結びつき特権身分を得て、その威を笠に着て国司側の人的賦課からも逃れようとしていた。神社の権威を笠に着る人々は、一般的に神に奉仕するという意味で「神人」

と呼ばれていた。多くの場合、中央の神社を本社と仰ぐ地方の末社の社司などが中心で、さらに多くの神人を募り「正員」以外に「掖《わき》（腋）」等と称して「新加の神人」を組織したため、その数が増加し、国司による公民への課税がますます行き詰ることになっていた。これは、公民としての義務を逃れようとする地方の人々の動きが神威を利用する事例であって、保元の荘園整理令であげられた中央の神社とは、伊勢大神宮・石清水八幡宮・鴨御祖社・賀茂別雷社・春日社・住吉社・日吉社・感神院（祇園）の八社であった。寺院の権威すなわち仏威を笠に着る者としては、「三寺・両山」（「諸寺諸山」とも表現）を本寺とする諸国における「夏衆」「彼岸衆」「先達」「寄人」等と呼ばれる僧たちがあげられており、彼らを一括して「悪僧」と呼んでいる。三寺とは興福寺・延暦寺・園城寺、両山とは熊野山・金峰山を指している。特に問題とされていたのは彼らの出挙活動で、本寺の宗教的権威を背景に「僧供料」と号して利息を加増したり、「会頭料」（仏事の費用）と称して公私物を掠め取ったりして、国に納められるべき税が奪われてしまっている実情が指摘されている。特に仏威を背景に高利の出挙を行っていた悪僧等の行動は、単に国司ルートによる徴税に抵抗しているというだけではなく、飢饉に苦しむ一般民衆を高利貸し活動によって苛み、その苛酷な収奪が地域社会を蚕食するに及んでいたことを意味し、それがまた国司の徴税の妨げとなっていたのである。

また、如上の中央社寺の神仏の権威を笠に着て徴税に抵抗する者だけでなく、各国の地方「寺社」の動きも問題化している。この地方「寺社」による「乱行」の停止を国司に命じるように指示した第五条では、各国の寺社は国司の管轄下にあり国司に従うべきなのに、最近、あるいは「霊祠の末社」と称しあるいは「権門の領する所の社」などと号して、勝手に「数千人の神人等」を補したり、「巨多の講衆」を定めたりして、それぞれ自分たちの威力を誇示して国司の「吏務」を打ち妨げ、しきりに郷村に横行し、ややもすれば国衙の仕事を責め煩わすことになっている、と述べている。これは、各国において、国司管轄下にあるべき「寺社」が、あるいは神人を増やし、あるいは寺院の講衆を組織する等の動きをとり、国司の統制を離れて暴走し始めたため、国衙を通じての任国支配が統制のきかない状況になっていたことを示している。この時期、国司による徴税強制が武力発動を伴いがちになってきたのも、徴税をめぐる社会的矛盾がこのような事態に及んでいたことに対応しているのである。

以上のように、国家的な神社や寺院と結び神仏の権威を笠に着て国司の徴税に抵抗する宗教勢力の問題が政府を悩ましていたこと以外に、さらに「院・宮・諸家」を本家と仰ぎ、その荘園の荘官となって国司の徴税に抵抗する地方勢力の存在も重大化していた。このような事態が、乱の前夜における社会情勢となっていたのである。

2　荘園問題の原理的考察

地方からの衝動だけで荘園立券・拡大が進行するわけではない。これを受け入れる中央の権門勢家側の事情もみておかねばならない。これは、中央勢力内に亀裂が生じて分裂に至る事情を理解する上でも無視できない点である。中央諸権門層の荘園獲得への衝動は、封戸など令制以来行われてきた国家的給与としての配分が、飢饉の起きるたびに激減しあるいは途絶えたりすることによって、別の収入・安定財源を求めようとした結果生じてきたものであった。この中央支配者層における動きが、国司の徴税攻勢を免れ安定した賦課情況下にあることを求める各地域における人々の動きと結合して、荘園立券・拡大への動向が強まっていくのであった。

従来の、歴史事象を生産力発展論理によって一元的に位置付けようとしてきた論議（生産力順調発展）では、上述の現象を封戸制度から荘園制度への移行として、生産力発展にともなう必然的現象として理解してきたが、事態がそのような説明で済まされる状況ではないことは、既述したところからも明白であろう。ここでは、封戸配分額減少という事態は、以前から特に飢饉状況が激化する中でしばしば生じていたことについて指摘して、封戸配分額減少問題と荘園立券問題との関係について付言しておこう。

(1)『小右記』が伝える飢饉時の封戸収入欠如現象

保元の乱勃発より一世紀半近く以前の話になるが、藤原実資（小野宮右大臣）の日記『小右記』寛仁二年（一〇一八）六月四日の記事は、国家最高の階層に位置する三位以上の公卿層たちにおいても封戸収入が途絶え生活に行き詰ることがありえたという事情を伝えている（土田　一九九四）。

> 六月四日乙未。宰相（藤原資平）来りて云く。今朝、大殿（藤原道長）に参る。深く旱災の事を嘆かる。在々の国々司等云はく。今年、公私の事を済すべからず。自身の命を存すべし。但し、大殿・摂政殿（藤原頼通）、彼の一家の事許りは、堪へるに随ひ、奉仕すべし。其の外の卿相の事、一切、承り行ふべからずと、いへり。上達部は、封物を以て朝暮の雑事に宛つ。已に其の弁無し。何んせん、何んせん。

これは、藤原実資が、その養子資平（宰相）が父である自分に報告してきた内容を、日記に書き留めたもので、資平が、その日の朝藤原道長のところに伺った折の道長との会話について記されている。それは、諸国の国司が道長に報告してきたことに関するもので、国司たちは道長に次のように述べたという。今年は旱魃のために自分たちの公私の生活もまともにできない状況で、自分たちの命を全うするだけで精一杯の情況となってしまいました。「大殿」（道長）や「摂政殿」（頼通）のためには可能な限りの分を届けるように努力しますが、その他の「卿相」（＝公卿）たちへはとても配分できないような状態です、といってきたというのである。それに対して、道長が、上達部（公卿のこと）は「封物」をもって朝暮の雑事に宛ててどうにかやっているというのに、それがない状況となっているのは本当に気の毒なことだ、といっていたというのである。これは諸国司たちが飢饉に直面しても、最高実力者道長・頼通父子の分の封戸は確保し、他の公卿たちへの封戸配分をないがしろにしていることを伝える興味深い記事であるが、以前から凶作・飢饉情況となった場合には、一般の公卿たちへも封戸配分が滞る事態が生じていたことを示すものである。従来、封戸については、律令制的給与としてすでに形骸化していたとみるか、まだ存続していたとみるかの、一般的傾向論議上での二者択一的判断が争われてきたようであるが、飢饉時におけるこのような事情を見落としての論議は不正確になってしまうだろう。従来、史料から飢饉状況が読み取れる場合でもその意味を重視せず、十一世紀初期のこのような事例をもって、すでに一般的に形骸化していたか否かの論議に及んできたのは、むしろ誤りというべきであろう。飢饉時には国司による徴税が行き詰まり各権門への配分が滞り、平常時には復活するということを繰返してきたというあり方を読み取るべきなのである。また、飢饉時には、中央における最高権力者以外の公卿たちでさえ経済的に行き詰っていること、を認識することが重要であろう。

封戸制度の位置付けで、十一世紀初期のこのような事例をもって、すでに一般的に形骸化してしまったとみることは誤りであるが、この保元の乱前後（十二世紀半ば過ぎ）になると、封戸配分量全般が大幅に減少するという事態が常態化してしまっていたことは確かであろう。すなわち、十二世紀になると気候が冷涼化方向に固定して進行して、飢饉がたびたび生じることによって封戸収入の全般的減収状態が恒常化していたのである。十二世紀半ばを過ぎてからの事情については、次の『大槐秘抄』の記述が参考になる。

(2)　『大槐秘抄』が伝える公卿層の実情

太政大臣藤原伊通（太政大臣就任は永暦元年〈一一六〇〉）が二条天皇（在位一一五八～六五）に提出した意見書『大槐秘抄』には、封戸収入欠如現象と知行国・荘園領有への衝動とが密接な関係にあることについて、公卿層の本音を窺うことができる興味深い叙述が残されている。これは、平治の乱直後に当たる一一六二～六三年頃のものであるが、中央貴族層がおかれた一般的事情を示すものである。

上達部は、封戸たしかにえて、節会・旬、もしは臨時の御宴の禄を賜はりて、はふゝ候ばかり也、（中略）今の上達部は、封戸すこしもえ候はず、庄なくば、いかにしてかはおほやけわたくし候べき、近代の上達部、おほく国を給はり候は、封戸のなきがする事なめりと思候に、めさるゝこそ力をよばぬ事なれ、

上達部とは、基本的には三位以上の公卿のことで、朝廷における最高位に位置する貴族たちであるといえよう。その公卿たちの生活は、わずかになった封戸の収入を確実に得ることができ、さらに節会や旬もしくは臨時の御宴などにおいて禄を賜わることができたならば、どうにかやっていけるのだが、最近は封戸収入が途絶えてしまったため荘園がなければ公私の生活は事行かない実情となってしまった。最近の公卿たちが知行国を給るようになったのは、封戸による収入が途絶えたためであるが、それらを差し出させられたりすると（この時知行国を取り上げる策が問題化していた可能性がある）、公卿たちの生活がさらに無力化してしまう、と。以前から凶作・飢饉情況となった場合このような封戸配分が滞る事態が生じていたが、十二世紀になると気候冷涼化進行を背景として飢饉が生じる頻度が激増したことによって、世紀後半になるとこの『大槐秘抄』の記述にみられるような状態が恒常化するようになっていたのである。

以上のように、特に飢饉状況が甚だしくなる中で、中央の諸権門における封戸収入が減少して、この時期になると、かつての鳥羽院やその愛妃美福門院など特権的権門以外、それがほとんど途絶えてしまうという状況が進行していたのである。そのため、保元の乱前夜においては、多くの権門がその不足を補おうとして独自のルートで収入が確保できる荘園立券に奔るという一般的状況が生まれ、国司ルートによる徴税確保をますます困難化させ、租税徴収激減に

よる中央財政の逼迫という事態に陥っていたのである。

3　朝廷内の政治的亀裂――荘園問題の深刻化

荘園立券の主体としてあげられている中央権門は「神社・仏寺、院・宮・諸家」と表現されていた。これらは、封戸などの国家的給与によって収入を得ていたという面で、同じ階級に属していたといえるが、その国家的給与が大幅に減少するという事態の中で、かえって互いに競合し対立せざるを得ないという面があった。この対立は、封戸収入を求める面でも、荘園を確保しようとする面においても、権門相互の間に生じうる可能性を孕んでいたが、特に基本的対立は全体を統制する立場にあった政府あるいはその機構を掌握していた院勢力と諸々の個別権門との間に生じやすかった。この荘園立券主体たる諸々の権門勢力は、二つのグループに分けることができる。第一は「神社・仏寺」の宗教的権門で、宗教面から国家を鎮護する役割を担うとみなされる存在であった。第二は「院・宮・諸家」の朝廷内諸権門で、国家の首脳部として朝廷を構成する主要メンバーで、院とは上皇や女院、宮とは三后や東宮などの皇族、諸家とは摂関家を中心とする諸々の公卿たちであった。これらは、本来、その存在自体が公的・国家的ものとみなされ、その公私の生活・活動のための経済的保障が国家的になされていたのである。それが、この時期にあっては、前述のように両グループともに封戸などの経済的裏付けが減少してきたため、政府・国司にその確保を求めるとともに、他方で独自ルートによる経済的裏付けを求めようとして荘園獲得に乗り出していたのである。

この二つのグループのうち第一の「神社・仏寺」の宗教的権門勢力は、相対的に政府の外部にあって、以前から政府に対してしばしば強訴を行う等の圧力をかけてくる存在となっていたが、その基底的理由には経済的不足問題があった。その代表格の比叡山延暦寺勢力については、「賀茂河の水、双六の賽、山法師、是ぞわが心にかなはぬもの」

という白河院の三不如意の一つとして知られるように（『平家物語』巻第一「願立」）、白河院でさえその扱いに苦慮してきたが、宗教勢力の問題はそれだけではなかった。すなわち、乱前夜、政府・国司ルートによる徴税を脅かしていたものとしては、神威を笠に着て徴税に抵抗する神人たちと各有力神社との結合、仏威を笠に着て徴税に抵抗する悪僧たちと各有力寺院との結合、それに地方寺社の神威・仏威を背景にしての抵抗、など宗教的権威を笠に着た諸勢力の動きがあった。この宗教勢力の政府の統制に逆らう動きは、相対的に政府外からの政府・国司組織への抵抗・攻撃という形で現象していたが、決定的危機は、このような状況の中で朝廷が分裂状態に陥ったことによって生じてきたのである。

このような社会的・政治的状況が展開する中で、朝廷にとって望ましいあり方は、朝廷内諸勢力が一つにまとまり、互いに協調して現実に対処して乗り切っていかねばならないものであったろう。現実的にいうと鳥羽院政とその支配下にあった後白河天皇政府による統制が一元的に機能することが望ましかったといえよう。しかし、保元の乱直前における実際は、そのようにはなってはおらず、朝廷内に強力な抵抗勢力が生まれ、無政府的状態を助長する事態となっていたのである。その点で注意しておくべきは、中央の公卿層やそれ以下の人々において収入減現象が平等な形で生じていたわけではないことである。前述の十一世紀初頭の事例で、諸国司たちが一般の公卿たちには封戸収入を保障しなかったにもかかわらず、政治的実権を有する藤原道長・頼通父子だけを優遇して保障しようとしていたように、国司による徴税額が激減する中でも中央政界で最有力の政治的力を有している者への封戸納入はある程度保障されていた。したがって公卿層においてもその政治力に応じて収入減の程度の差が生じていたと考えられ、弱小権門層はその時期の政治的実力者に頼りその主従制に自己を位置付けることで生存を図らねばならなくなっていくのである。それ以下の身分の弱者たちについてはいうまでもないだろう。その結果、保元の乱直前の時期においては、この政治的経済的支配をめぐって中央朝廷社会内に二つの核が生じており、そのことによる対立の構造ができていた。鳥羽院・後白河天皇政府に連なる勢力と摂関家に連なる勢力との二大勢力に分裂していったとみられるのである（もちろん相対的に距離をとっていた貴族層は存在していたであろう）。

すなわち、乱前夜における政治的危機を作り出していた最大の要因は、朝廷内部において藤原忠実・頼長父子の摂関家が強大化して、鳥羽院政のコントロール下の後白河政権にとって統制の利かない「抵抗」勢力となり対立を激化させていたため、権力が二元的に存在し相克するという事態が生じ、中央政府の亀裂・分裂がもたらされる結果になっていたのである。この中央政府内における、後白河天皇政府に対抗しその統制に従わない藤原忠実・頼長父子の摂関家の動きは、いわば朝廷の中から政府による統制の弱体化をもたらす獅子身中の虫ともいいうる重大要因となっていたのである。

摂関家の企図した荘園立券の試みが院から抑制の対象になることは、以前からみられたことであるが、乱前夜に至る間に対立の度が激化したという点で大きな変化があり、したがってその解決において武力行使に訴える度合いもまた高まっていた。白河院政期のことだが、元永の飢饉の際に摂関家の関白藤原忠実が上野国に五〇〇〇町に及ぶ荘園を立てようとしたが、そのことを、元永二年（一一一九）三月上野国司が白河院に提訴したということがあった（竹内　一九六五、峰岸　一九八九）。この時は、白河院から国司にとって「不便」なことであるとたしなめられた忠実が、これは家司平知信の独断専行によるものだとしてすぐその立荘計画を撤回したように、摂関家は院に対して融和的（あるいは従属的）であった。しかし、この保元の乱前夜になると、前述のように荘園立券や拡大を図ろうとする諸勢力の動きを統制できず、無政府状態となっていた。そのようなたやすく妥協を許さない一般的状況を背景として、藤原頼長ら摂関家は、それらの中で最も硬直的・敵対的な存在であり、その荘園立券・拡大策動はさらに突出したものとなって、鳥羽院・政府側に対して脅威を与える核となっていたのである。

三　保元の乱——地方における武力衝突の中央への波及

中央における対立が武力によって解決されるに至ったのは、全国各地で展開していた国衙ルートによる徴税とそれを拒む勢力との対抗、特に荘園立券や拡大をめぐる対立が、頻繁に武力衝突を生じさせていたという一般的社会状況の上に、摂関家の動向がもたらした特殊な政治状況の展開を前提としていた。その典型的事例として注目されるのが、武蔵国北部比企郡における大蔵合戦や九州における源為朝の「乱行」であった。この両事件は、摂関家による荘園立券の動きとそれを抑圧しようとする鳥羽法皇・政府側との対立を前提として生じたものであったが、両勢力の武力衝突が京都において一直線に武力衝突＝保元の乱に進んだのではなく、その前提としてまずは地方において政府の統制を無視して試みた摂関家側の荘園立券への動きをめぐって、両勢力の走狗同士の間で生じてきたものであったことを示している。源為朝を介しての九州における荘園立券の試みは中央から「乱行」として捉えられていたが、その事件は後白河天皇践祚以前数年前の近衛天皇時代から起きており、その解決をみないまま中央における武力衝突に至ったのであった。それに対して、久寿二年（一一五五）八月に武蔵国で起きた大蔵合戦は、源為義の一族を分裂させて、それぞれ鳥羽法皇・後白河天皇政府方と摂関家方の走狗となって戦われたものであった。すなわち、北武蔵での大蔵合戦や九州での為朝乱行の事実は、中央における荘園立券や拡大をめぐる政府側と摂関家側との対立が、まず地方における両勢力の走狗同士の武力衝突を引き起こし、さらに中央における武力衝突による解決（保元の乱）にまで至ってしまったという軌跡を示しているのである（磯貝　二〇一二）。これを中央の両勢力の対立に視点を当てて比喩的にいえば、冷戦状態から熱戦へということになろう。

1　乱前夜の地方情勢

(1)　為朝の「乱行」と「大蔵合戦」

摂関家の私兵としてこの間活動してきた源為義は、仁平三年（一一五三）頃次男義賢を関東に派遣していたことが知られるが、それは摂関家の荘園を立てるためであったと考えられる（磯貝　二〇一二）。義賢はまず仁平三年夏頃上野国多胡郡に下向しそこに拠点を置いていたが、その後武蔵北部比企郡に進出して、武蔵国在庁官人の中でも高家の格式にあり秩父家の家督と武蔵国総検校職を帯していた秩父次郎大夫重隆の「養君」となって、上野・武蔵両国に勢力を張るに至った。このことによって企図されていたのは、武蔵北部の比企郡を摂関家領荘園とすることであったと考えられている。これに対し、鳥羽法皇・後白河天皇政府は、その阻止を、源義朝（為義の長子）に命じて（武蔵守藤原信頼の同意もあったと考えられる）、義朝の長子義平（後世「悪源太」と呼ばれた）等は、久寿二年（一一五五）八月十六日秩父重隆の比企郡の大蔵館を襲撃し、義賢と秩父重隆を誅殺したのであった（大蔵合戦）。

また為義は、仁平元年（一一五一）頃から八男為朝を九州に居住させていたが、為朝は飢饉下で国司の徴税攻勢に抵抗していた九州の在地勢力と結んで、国司ルートによる徴税を妨げ、諸郡の荘園化を図って大宰府との軋轢を強めていた。この間の詳細は不明であるが、この動きに対して、久寿元年（一一五四）十一月二十六日になると、鳥羽院は、為義が息子為朝の「乱行」を制止しなかったとの理由で右衛門尉の官を解いている。しかしその後も為朝の活動は続いていたとみえ、久寿二年四月には為朝への与力者禁遏命令が大宰府に下されていたが、それが解決されないまま、翌保元元年（一一五六）七月の中央における武力衝突に至るのである。なお、為朝の九州での活動は近衛天皇時代に始まっており、この時期藤原頼長は内覧の地位にあって、近衛天皇の権威を利用しうる立場にあった。したがって、為朝が九州で現地勢力を引き込む上で、宣旨など近衛天皇の命令の形を利用したことがあった可能性も浮上してくる。後白河天皇践祚と同時に頼長の内覧の地位が罷免されたのはそのことも関係していたのではないだろうか。

この保元の乱前夜において、鳥羽院・後白河天皇政府は、前述のように全国に展開していた荘園立券や拡大を図ろうとする諸勢力の動きを統制できず、無政府状態を許していた。摂関家の藤原頼長らの動きは、それらの中で最も硬直的・敵対的な存在であって、鳥羽院・政府側に対して脅威を与える核となっていた。このような中で、九州における為朝の動きは、鳥羽院・後白河天皇政府にとって未解決の事案であったが、源義朝の息子源義平に武蔵国比企郡大蔵館で源義賢・秩父重隆らを誅殺させたことは、政府の規制を犯して進行する荘園立券を武力によって阻止する一つの成功例を示すものとなっており、事態を切り開く手掛かりを与えるものであった。それは、義平に官軍としての大義名分を与えて、摂関家の企図した荘園立券を現地で実現しようとしていた源義賢らを一挙に攻め殺してしまうという方法を講じた経験である。これは、鳥羽法皇・後白河天皇政府とその走狗となっていた義朝にとって、敵対勢力特に摂関家対策の手法としての成功例を得たという、重要な意味を持った。政府側が官軍としての立場で、崇徳上皇を担いだ頼長方を朝敵という位置に追いやり、一挙に攻め滅ぼした保元の乱は、後白河天皇政府に結集した勢力が、大蔵合戦で得たのと同じ方法を都における決戦に持ち込んだものとみることができるのである。この流れを作った立役者として義朝の役割は大きかったといえるが、後白河天皇践祚の約一ヵ月後に、そのような策に踏み切った鳥羽院・後白河天皇政府側の判断が決定的意味を有していたとみるべきであろう。すなわち、ここに、政府の統制を無視した藤原頼長の摂関家などによる荘園立券・拡大への無政府的動きを、武力を行使してまでも断固として退けるという政治的判断の存在をみることができるのである。

(2) 後白河天皇政府側の攻勢

以上から、保元の乱勃発の背景として、久寿の飢饉により中央への徴収物が激減するという絶対的状況の下、荘園を求める中央支配層の動きが激しい競合をもたらし、それを収めることができないまま朝廷内に二つの勢力が対立するという政治構造が形成され、協調よりも対立という方向が激化する中で、全国的に荘園立券などをめぐる武力衝突が生じていたことが、重視されねばならなくなってくるであろう。これら事態の究極的規定要因は、気候冷涼化の進行を背景として社会全体の生産物総量が漸次減少してきた中で、久寿の飢饉に直面し、収穫量の激減という絶対的事態が生じたことにあった。したがって、事態の総ては、総収穫量の激減度の大きさに規定されて現象していたものといえるが、武力によって事態を解決しようとする政治判断がいつなされ、どのように展開してきたのかについては、この間の政局の展開を具体的にみておく必要がある。

まず、このような、武力によって事態を切り開くという政治判断は、後白河天皇践祚直後から採用されていたものと考えてよいと思われる。その最初の局面は久寿二年七月二十四日の後白河天皇政府成立時の頼長の内覧罷免にあり、これによって藤原忠実・頼長父子の摂関家は、天皇の権威を利用できなくなるとともに、政府内における立脚点を失うことになる。そして、八月に、都では愛宕山で目に釘を打ち付けられた天狗像が見つかったとして、藤原忠実・頼長父子が近衛天皇を呪詛したという噂が流布され、頼長らの孤立を深めさせることになっていく。また鳥羽院側は同じ八月に、武蔵国で摂関家の走狗として荘園立券化策動を行っていた為義の息子義賢を、同じ為義の嫡男義朝の嫡男源義平に命じて誅殺させるに及んだのである。その中で、頼長らは、もっぱら自己の私的利益すなわち荘園立券・拡大路線を維持し、中央支配者集団としての公共性に敵対する状態は続き、鳥羽院・後白河天皇政府との対立を深めていく。最終局面は、今まで対立の激化や武力衝突を抑える重石となっていた鳥羽法皇の死去である。鳥羽院・後白河天皇方は、鳥羽院の死が予想された段階で武力による決着策への段取りを整え始めていた。大蔵合戦の成功にならって、官軍の立場から摂関家・崇徳上皇を賊軍の立場に追いやり、戦争を仕掛け一挙に武力解決へともっていこうとする路線であった。この政府側の一連の対応の背後には、理論的確信と使命感をもってその策を採らしめた強い意志の存在を想定することができる。乱後に明らかとなる藤原信西主導による政治路線は、この時期から展開し始めていた可能性が高いであろう。

2　保元の乱——中央における武力衝突

乱への大局的流れは、鳥羽院・後白河政権側が摂関家を孤立させる策をとり、頼長方を謀反人の立場に追い込め、挑発して武力衝突に至らしめた過程としてみることができる（上横手　一九八一、元木　二〇〇一・二〇〇四、河内　二〇〇二、五味　一九九九ほか）。

(1)　乱の経過

乱そのものは、保元元年（一一五六）七月二日の鳥羽法皇死去後の七月十一日早朝に起きたが、『兵範記』同年七月五日条によると、法皇は自分が死んだ後の崇徳上皇・藤原頼長方との武力衝突に備えて、以前から守護のために武士を動員し体制固めすることを命じていたという。『保元物語』によると、招くべき武士の名を美福門院にも遺言していたという。院宣によって守護を命じられた下野守源義朝や源義康らは六月一日以来禁中を守護しており、出雲守光保・和泉守盛兼他源平の武士たちは、皆悉く随兵を率いて鳥羽殿に伺候していた。そして法皇死去の三日後の五日には、武士が都に入るのを禁止する後白河天皇の勅が発布された。天皇方は機先を制して防備体制を構築していたのであるが、すでに用意周到に、崇徳上皇と頼長が、法皇の死去後に同心して軍を発し「国家を傾け」ようとしているとの「風聞」が流されており、それへの備えであるとされていた。まず宣伝戦で先手を打っていたのである。

六日には、天皇方による頼長派の逮捕が始まる。左衛門尉平基盛によって、頼長が密かに京に住まわせていた大和源氏の源親治を東山法住寺辺りで追捕している。八日には「勅定」を承り、諸国司に「御教書」が出され、藤原忠実・頼長父子が「荘園の軍兵」を動員しているという情報があるとして、その停止を命じている。同じく八日、崇徳上皇方の平等院供僧勝尊が頼長の命令によって秘法を修しているという理由で、逮捕され尋問されている。その現場とされた東三条には、蔵人左衛門尉俊成と義朝の随兵等が派遣され、本尊・文書等の証拠物件が検知・没官されている。

このような中、九日夜半、崇徳上皇は、鳥羽田中御所を出て秘かに白河にある前斎院御所に御幸しており、人々の疑いの念を決定的にさせている。翌十日には上皇が白河殿において軍兵を整えているとの情報が伝わっており、平信範は「これ日頃の風聞、既に露見するところ也」と『兵範記』に記している。晩頭には頼長が宇治から参入し、上皇と「議定」を始め、平家弘と源為義を判官代に補し、軍議に及んだという。崇徳上皇が平家弘と源為義を判官代に補したということは、自ら院庁の組織を構想していたことを示すもので、鳥羽院亡き後の院政を目指し、その裏付けとして摂関家の力を頼ったものとみることができるであろう。政治構想上の対抗として見ると、後白河天皇政治対崇徳上皇院政との対抗という形を成してきたともいえよう。

いっぽう後白河天皇方は、高松殿を皇居として以前の「僉議」で決めた通り、武士を集め体制を固めている。晩頭に及んで、動員された軍勢は大軍に膨れ上がり「雲霞の如く」であったという。後白河天皇方軍の先頭に立っていたのは、下野守源義朝と右衛門尉義康で、その他安芸守清盛・兵庫守源頼政・散位重成・左衛門尉源季実・平信兼・右衛門尉平惟繁らの名前が知られる。そこに関白藤原忠通らが参内し、清盛や義朝を朝餉の間に召き、合戦の籌策を執奏したという。その夜には「清盛朝臣以下、各甲冑を着」して、軍兵を引率していた。天皇は、その夜半過ぎから翌未明にかけてにわかに東三条殿に居所を移しているが、上皇方からの夜討ち・朝駆けなどを警戒してのことであったかと思われる。実際に朝駆け戦法を採用することになったのは天皇方で、翌日の夜明け前、天皇方からの攻撃という形で戦闘に突入した。

十一日鶏鳴、清盛勢三百余騎、義朝二百余騎、義康百余騎、計六百余騎が、白河に発向した。その後、さらに頼政・重成・信兼らの兵が白河に向けて派遣されている。そうこうしているうちに合戦の雌雄を決した旨の使者が参奏してくる。辰刻（午前八時前後）になると東の方から煙炎が見え、攻め寄せた天皇軍が火を懸けたとの報せが入ってくる。引き続き上皇や頼長が逃亡したこと、白河御所が焼失したこと、味方軍が検知のために敵陣となった法勝寺に向かったこと、為義の円覚寺の住所を焼いたこと、等の報告が次々と入ってくる。天皇は、勝利の報せを受け高松殿に還御し、午刻には清盛や義朝ら勝利した大将軍（各戦闘現場の総指揮者）たちがその内裏へ帰参してきている。

攻撃のため内裏を出発した時刻については鶏鳴（一番鳥が鳴く午前二時頃）とあるが、戦闘は午前三時前後から始まったのであろう。勝敗はすでに辰刻（午前八時前後）には決しているので、数時間の戦闘であったといえる。論功行賞や忠実・頼長らの所領没収等の処置は、すでにその日のうちから始まっている。

(2)　乱の評価

乱そのものは、上皇・頼長方が、天皇方の挑発的動きに誘い込まれるように応じて、不用意に武装を整えてしまい、天皇方に謀反の鎮圧という口実を与えてしまう形となったものといえよう。まさに策略に嵌ってしまったのである。

このような武力解決に至ってしまったのは、これ以前から荘園立券をめぐる対立が各地で武力衝突をもたらしており、武力による解決の風が一般化しつつあったという社会状況を背景にしていたといえるだろう。特に前年までに生じていた、源為義の子息等と為義の第一子義朝の子息義平との武力抗争＝大蔵合戦を経ることによって、地方における武力による問題解決の手法が、ついに都においても全面展開することになったのである。この武力解決の方法を地方から中央へもたらした義朝の役割は大きかったといえよう（磯貝　二〇一二）。

第三章　保元の乱後の政治と平治の乱

一　保元の乱後の政治

1　保元の乱の結果

(1)　乱直後の措置

勝利した後白河天皇側に結集したのは、亡き鳥羽院政下の諸勢力、広い意味での院近臣であったが、政治的指導力を発揮していたのは藤原通憲（信西）で、その優れた識見・実務能力によって乱における采配から勝利後の後白河政権の諸政策を領導した。

公権としての優位性を有し、先手を打った後白河天皇側の軍は勝利し、流れ矢に当たった藤原頼長は奈良に至ったところで死去し、捕えられた崇徳上皇は讃岐国に配流、藤原忠実は軍事衝突からは距離を置いていたが籠居の身となった。藤原忠実・頼長父子の摂関家は打倒され、その領有する荘園群は一旦没収され、頼長の荘園など一部を除いて（翌年後白河天皇の後院領とされる）、後白河天皇側に立ち摂関家の家督＝氏長者に返り咲いた藤原忠通に与えられた。

牙をぬかれた再建（再興）摂関家は政府のコントロール下、臣下としての位置に据えられ、再出発することになる。

成立してからわずか一年程度の間ではあったが無政府的な荘園立券や拡大の動きに苦慮してきた後白河天皇政権は、朝廷内で最大の抵抗勢力となっていた藤原忠実・頼長父子の摂関家を打倒しえたことで朝廷内の分裂状態を一旦は克服することができ、荘園乱立、悪僧・神人等の問題に対して断固たる態度で臨むことが可能となったのである。特に、相対的に朝廷の外にあって荘園問題等における政府への不満に端を発した強訴などでたびたび朝廷に圧力をかけてくる圧力団体たる寺社勢力に対して、荘園整理に乗り出していく構えが整ったことは重要である。閏九月十八日には荘園問題に関する新制（＝いわゆる「保元の荘園整理令」）を発布し、十月二十日には記録所を設置し、荘園立券や拡大、神人や悪僧の乱行等の取り締まり、寺社の荘園整理などに乗りだしていく。特に閏九月十八日令の第一条で、後白河践祚後の天皇の許可を得ずして行われた荘園立券を無効とする政策を打ち出すに際して、「九州の地は一人の有也、王命の外、何ぞ私威を施さん」（「九州之地」とは日本の国土全体のことである）と述べた意味は大きい。これは、日本全土は天皇の保つところであって、天皇政府の意志・統制の下にあらねばならないという大原則を天下に明示したもので、それによらない「神社・仏寺、院・宮・諸家」等の荘園立券行為を私威によるものとして斥ける立場を宣明したものであった。

このことは、この問題に対するひとまず解決の方向を示すことになったが、それはほんの一時的な平穏・安定にしか過ぎなかった。自らの収入源を荘園から確保しようとする「神社・仏寺、院・宮・諸家」の動きがなくなるわけではなく、現地諸勢力も国司の徴税攻勢を避けようとしてそれらの動きと提携するのを止めるわけでもない。それに対して、国司ルートを通じて徴税を強化しようとする政策はこの後も徹底されようとしており、矛盾・対立の蓄積はまた進行していき、両勢力の衝突の根は絶たれてないのである。その中で後白河政権の内部矛盾も次第に露呈されていく。

(2)　吹き荒れる「私威」と「王命」――「国威」「朝威」絶対化路線

ここで「王命」の「私威」に対する絶対性を打ち出したことに関して、この時代の社会的・政治的状況を象徴する言葉としての「私威」について注目しておこう。「威」とは、「人を怖れさせることによって従わせようとする力」である。この時代の地域社会においては、従来からの国家的秩序・統制が弱まり崩壊の危機に瀕していたことを背景として、さまざまな「〜威」が吹き荒れていた。自己の利益・目的を追求するに当たって、人々は、阻み抵抗する者に対して、「〜威」を振りかざして威嚇して、己に従わせあるいは斥けようとしていた。当時の文献からその「〜威」を振りかざす場合の言葉を無作為に抽出・羅列すると、武威、朝威＝国威、神威、仏威＝法威（仏法の威力）、私威、「御牧威」「御庄威」など、さまざまである。保元の乱前夜は、まさにさまざまな「私威」が吹き荒れ自己主張し、飛び交い衝突するという状況が極限に達していたのである。この状況に対して、乱で勝利した政府は、国策を「王命」として提示し、それに伴う「朝威」あるいは「国威」によって、神威、法威（仏法の威力）、「御牧威」「御庄威」等々を一言で「私威」とみなして統制しようとしていったのである。閏九月の公家新制は、まさにそのような「私威」による「乱行」を停止させるものとして打ち出されたのである。ここに王命対諸々の私威という対立図式が見出せるが、ここにあっては、上皇の命令も、天皇を家父長権によって指図し得ない場合、乱における崇徳上皇のように私威の立場にあるとみなしうるのであった。これは乱の勝利によって打ち出すことが可能となったのである。この結果、摂関家や崇徳上皇等の立場は、結局「私威」の位置に追いやられ、「朝威」あるいは「国威」によって圧伏されるべき立場となったといえよう。

このような中で、存在価値を高めてきたのが「武威」であった。特に国家秩序維持の観点からいうと、王命に伴って発せられる朝威あるいは国威に人々を従わせるために、武威の役割が期待され登場してくるのである。武威とは、常に事を無政府的に暴力に頼って押し切っていこうとするようなものと理解すべきではない。むしろ現実社会の秩序が「私威」の実力によって侵されている中で、朝廷の意向・秩序を護るために、働くことを期待されるものであった。すなわち朝廷の秩序維持を保障すべき、あるいはその保障を期待される強制力であって、「国威」「朝威」実現のための「武威」であった。保元の乱は、朝廷が武威の役割に全面的に依拠せざるを得なくなったという点で決定的画期をなしていた。それ以前（十二世紀前半）は、飢饉状況が激化する際に武威の役割への期待が表面化していたのに対して、乱以後は恒常化していくのである。すなわち、十二世紀の歴史は、国威（朝威）を支える上での武威の役割が不可欠の位置を占めるに至る過程を示すものであったともいえよう。その担い手の筆頭格として、保元の乱後は平清盛と源義朝とが併存していたが、平治の乱によって義朝が敗れたあとは、清盛と他の武威の担い手との軍事組織力の差は歴然としたものとなり、彼がその地位を独占していくのである。

『愚管抄』のいう「武者」の時代とは、見方を変えると、「武威」なくして恒常的に「王命」による秩序を支えることができなくなった時代のことを意味する。その本格的政治構造は鎌倉幕府成立によってできあがったといえるが、先蹤は二条天皇親政・後白河院政を平清盛が支えた政治にあった。社会矛盾が激化して地域社会に「乱行」が蔓延するようになった時代にあっては、秩序を維持し朝廷の支配を貫徹させるために「武威」を打ち立てることがますます必要になってくる。ただ、これはあくまでも理念上望ましいとされたあり方としてのことで、常に「武威」が「王命」に忠実であるとは限らない。現実には「王命」と「武威」との関係がこじれ、「武威」の担い手が「王命」をめぐる争いに介入し、「王命」を統制しようとすることもある。あとになればなるほどその頻度を増し、政治的力をつけてきた武威の担い手が院と王命を争う場合もでてくるし、王命を自己の意思の下に取り込もうとする（独自の政権を打ち立てる）までになっていくのである。

2　平治の乱の要因

(1)　問題の所在

藤原通憲（信西）が領導した保元の乱後の後白河天皇政府の政治の性格がどのようなものであったのかについては、その後、平治の乱が何故起きたのかという点に関わってくる。それは、平治元年十二月九日に勃発した平治の乱第一次政変において信西一人が標的にされたのは、基本的に保元の乱後の政治の中心を彼が担ったことによって、彼を敵とする勢力が形成されてきたからと考えられるからである。乱後の政治は、この点を明らかにする形で語られねばならない。この点で考慮しておかねばならないのは、平治の乱第一次政変の真相をめぐって大きな意見対立が存在していることについてである。第一次政変に関しては、永い間、院寵臣の藤原信頼がその出世を妨げた信西を除くために、同じく信西に不満を抱く源義朝を抱き込んで引き起こしたと考えられてきたが（この説は『平治物語』以来、江戸時代の頼山陽『日本外史』、水戸の『大日本史』から今日の大半の研究者に引き継がれ、教科書叙述に至るまで一貫している）、最近、河内祥輔は信頼の背後に後白河上皇の意思が働いていたとする説を提起されている（＝後白河上皇首謀者説、河内二〇〇二）。本書の課題は気候変動論から武家政権成立の必然性を説明する点にあるが、信西の政治を社会的・政治的状況の深みにおいて位置付けることは、この間の事情を政治過程をも含めて説明する上で必要な論点を提示すると考えられるので、触れておくことにする。

保元の乱が『兵範記』によってかなり詳細な記録が残されているのと違って、平治の乱については、直接的な記録がないという史料上の困難に対して、河内祥輔は、主として『愚管抄』『平治物語』の史料批判を手掛かりとして平治の乱の過程における諸事実を詳細に検討し、黒幕としての後白河上皇の意思・動向の存在を浮き上がらせたのである。河内の論証は多岐にわたり、その一つ一つについて敷衍するのは別の機会に譲らざるをえないが、結論的に、藤原信頼が自己の判断だけで源義朝やその他武士の軍事力に依拠してこのクーデター決行を決意できたとは考えられず、彼にそれをさせた上位の人物＝後白河上皇の意思が存在していたことを想定すべきであるとする主張や、三条烏丸殿の火事は信頼や義朝方による放火ではなく失火の可能性が高いとする点、一本御書所に閉じ込められていたとされる後白河上皇が実際は自由に動けていたとする点、等々乱の経過に関する諸々の論証については賛同できる点が多い。

また、乱の後今日に至るまでその真実が隠され、クーデターの張本人を信頼一人とする説（＝信頼の謀反説）が流布してきた事情についての説明として、第二次クーデターにおいて、反信頼勢力が後白河上皇を信頼から切り離し、信頼と義朝を孤立させ決戦を挑んだことと、勝利後に後白河に累が及ぶのを避け、信頼一人に罪をなすりつける形で処置を行ったことが、後世に引き継がれたものであるとする点も、賛同できる。ただし、河内説に問題がないわけではない。それは、元木泰雄の批判があるように、後白河上皇が信西殺害を謀った動機として、後白河院が鳥羽院の決定した皇位継承路線が進められていくことに反発し、二条天皇の弟（のちの守覚法親王）の方を即位させようと図ったためであると説明する点に関するものである。すなわち、後白河上皇が信頼にクーデターをやらせたと想定する上での動機説明において、いまだ不十分さを残しているのである。

多くの論者が河内説への賛否について沈黙している中で、ただ元木泰雄だけがこれを取り上げ真っ向から批判している（元木　二〇〇四）。ただし、元木による批判については、河内説において、後白河上皇が信西抹殺を図ったとする場合の動機説明が不十分であるとの指摘等において賛同できるところもあるが、後白河院首謀説を否定しきれているかという点では、否である。特に元木泰雄が、「院が信西を抹殺したいなら、罪をかぶせて配流すればすむ話である」とされ、挙兵させるまでの必要はなかったとした点については、問題が残る。河内の後白河首謀者説の主張も、後白河が信西に罪をかぶせたものとみているのである。切り取られた信西の首は検非違使に渡され、獄門の前の樹木に懸けて晒されたのであった。これは、彼が罪人扱いされていたことを示しており、後白河院が信西に罪をなすり付けたとする解釈も成り立つのである。問題は、元木が「罪をかぶせて配流すればすむ話である」と、後白河院がもしその気であったならばクーデターなど行わなくて政治的措置として簡単にできる話と片付けている点にある。この時期の信西の政治的力量からみて、武力行使をせず簡単に配流にもっていくことが可能であったかどうかは問題であろう。それが可能であるためには、その時期の政治が後白河院の実質的政治主導でなされており、信西の言論による反論の余地がない政治状況であったとするならば可能な話であろうが、実際には政治において信西の采配が重きをなしており、彼を支持する人々が存在していたとすると、簡単に「罪をかぶせて配流すればすむ話」とはならず、むしろ信西を取り除くのに武力行使にふみ切らざるを得なくなるのではないか。この点での河内説批判はいまだ有効とは言い難いだろう。

しかし、河内祥輔説がいまだ磐石とはいえないのは、この説に立った場合、後白河上皇がなぜ信西を取り除こうと考えたのか、という動機の説明がいまだ十分でない点である。すなわち、河内が、後白河院がクーデター決行の判断をした動機として、後白河院が鳥羽院の決定した皇位継承に反発し、二条天皇の弟（のちの守覚法親王）を即位させるためであったと説明されている点は、信西殺害を図るに至るほどの理由として十分とはいえないであろう。この説明において、後白河院が鳥羽院の決定した皇位継承に反発していたとみるのは考えうるところであるが、問題は二条天皇の弟で、のちの守覚法親王を即位させるためであったとする点の論証については、もしその意図があったとしても、それが信西殺害を図るほどの理由となりうるものであったかについてはまだ説得的ではなく、その限りにおいて、元木による批判は有効性があるといえよう。

(2) 見過ごされてきた問題点

むしろ問題はもっと深いところにあって、従来、後白河上皇の目指した院政路線と信西がとろうとした政治路線の方向性との間に、基本的対立はないとみなされてきた点にあるのではないか。これは両者だけの問題ではなく、従来から見過ごされてきた問題点である。すなわち、信西が目指した保元の乱後から平治の乱前までの政治路線の性格について、今まで十分な検討がなされないままに、簡単に彼を後白河院近臣と性格付け、彼が後白河院政を推進しようとする立場にあったと判断するだけで済ましてきたところに、問題を解明しきれない根本的原因があったのではないか。また、現段階で河内説が受け入れられないのも、このことが明らかでないため、後白河上皇が信頼にクーデターを指示したことについての動機が明確にならないのである。

鳥羽上皇死去後の信西の政治的立場の性格については、従来、後白河天皇期と譲位後（＝上皇期）の違いを考慮せず、単に後白河院近臣という性格付けだけで理解してきたようだが、実際はそのような性格付けだけで彼を理解するのは見落とす点が多い。後白河天皇期には現実的に両者の目指すところの間に基本的対立はなかったとしても、譲位後、後白河院が院政を目指していたのに対して、信西が意図する政治路線が同じ方向にあったのかについては、確かめてみる必要がある。これは、今まで述べて来た社会的矛盾激化を背景に国家体制の危機がもたらされる中で、朝廷内においてその打開のために、どのような政治路線が模索され、どのような対立が生じてきたのかについて探求する課題といえよう。

二　保元の乱後の信西執政政治

1　信西（藤原通憲）首班政権の荘園政策

保元の乱で勝利した後白河天皇の下で政治を領導した藤原信西の政治的方向性や理念を知る手掛かりとして、保元元年閏九月十八日と翌二年十月八日に発せられた二つの公家新制の基本的内容をみていく。これらには、この時期の政治的課題と基本路線が象徴的に示されているといえるからである（磯貝　二〇一〇）。

(1)　保元元年の荘園整理令

まず保元元年閏九月十八日宣旨によって命じられた新制七ヵ条は、通常荘園整理令ともいわれてきたように、この間直面してきた荘園乱立などの問題に決着をつけようとしたものである。その性格から、大局的に、A領有者が「神社・仏寺、院・宮・諸家」全般である場合の、「新立の荘園」や「加納余田」問題を扱っている第一・二条と、B「神社・仏寺」や地方「寺社」関係の人々によって生じていた乱行などの諸事態への対処を示した第三〜五条と、C神領・仏寺領の領有規模が適正か否かの審査を命じた第六・七条の、三群に分けることができる。

A　領有主体が「神社・仏寺、院・宮・諸家」全般である場合の荘園に関するもの

第一条：「久寿二年七月廿四日以後、宣旨を帯びず」して（「官奏を経ず」ともいっている）恣に立てられた「神社・仏寺、院・宮・諸家の新立庄園」を停廃すべきとする原則を打ち出し、そのための措置を執るよう国司に下知すべき

表2　保元の乱後における信西の政治

年　月　日		事　　　項
保元元(1156)閏9月18日		新制(荘園整理令)7ヵ条発布(『兵範記』)
	10月20日	記録所の設置(『百錬抄』)
保元2(1157)	10月8日	天皇新造内裏に遷幸(『百錬抄』), 新制35ヵ条発布(『兵範記』)
	11月13日	漏刻器を置く(『百錬抄』)
保元3(1158)	正月22日	長元7年以来123年ぶりに内宴を興行する(『百錬抄』)
	5月29日	断絶していた内教坊舞姫を興行する(『百錬抄』)
	6月29日	保安以来行われなかった相撲節を30余年ぶりに興行する(『百錬抄』)
	8月11日	後白河天皇, 守仁親王に譲位する。二条天皇受禅(『百錬抄』)
保元4(1159)	正月21日	内宴, 信西, 二条天皇の勅を承りて,「妓女舞曲」の「曲を練習せしむ」(『百錬抄』)
	4月20日	平治元年に改元(即位改元)

旨を命じたものである。ここで禁止した対象は、後白河天皇が践祚した久寿二年七月二十四日以後に天皇政府の許可なく立てられた新立荘園に限定していることが重要で、その判断を打ち出す際に「九州之地者一人之有也、王命之外、何施私威」との大原則を述べているのである。ここで斥けている「私威」とは、「王命」によらない荘園立券行為の主体となった「神社・仏寺、院・宮・諸家」の権威のことである。これは、日本の国土は天皇ただ一人の支配下にあることを絶対化し、それ以外の者の意思を「私威」として斥けたのである。重要な点は、この文章に示されている「王命」とは直接的には天皇の命令のみを指していることで、院の命令ではないのである（院が天皇の父である場合、天皇が父の命を尊重することはありうるが）。これは、乱に勝利した後白河政権が、まずは後白河天皇践祚以後にその許可なく立券された荘園を、私威による立券であるとして取り消したものであった。

この第一条においては、久寿二年七月二十四日以前に立券された荘園の認否について全く述べられていない。このことは、久寿二年七月二十四日以前に立券された荘園の審査について全く放棄してしまったことを意味するのだろうか。実際、後白河天皇践祚の久寿二年七月二十四日以前に立券された荘園について述べるところがないことから、それは承認済みとしているとの見解もある。しかし、この条項にその規定がないからといって、以前から掲げられていた寛徳以後立てられた新立荘園停止原則を放棄したか否かの論議に及ぶのは早計であろう。この条項は、後白河践祚以前に立券された荘園に対してまで問題にしたものではないからである。

久寿二年七月二十四日の践祚によって成立した後白河天皇政権は、この間、無政府的な荘園立券や拡大の動きに苦慮してきたが、乱で勝利して最大の抵抗勢力たる摂関家を打倒したことによって、後白河天皇政権の許可なく立てられた荘園を停廃するという、この大原則を打ち出すことができたのである。したがって、この条項に限定した場合、もともと践祚以前に立件された荘園についてまで、立ち入って言及する必要はなかったのである。

では、この新制においては、それ以前に立件された荘園に対する整理方針を持っていなかったのだろうか。それは「神社・仏寺」領荘園問題を扱った第六・七条での審査対象に含まれていることを後述する。また、後述の如く二条天皇親政期に、国衙領に転倒すべき対象の荘園を国司に指示する際に「寛徳以後の新立荘園停止原則」で指示が出されていることも、第一条がその原則を放棄したものではないことを示唆しているといえるだろう。したがって、第一条に、以前の整理令にみられた「寛徳以後の新立荘園停止原則」がみられないからといって、その原則を放棄したとは判断できないのである。

第二条…「社・寺、院・宮・諸家の庄園」全般における「本免」（官省符あるいは勅免地として公認され、四至坪付が明示される形での券契が分明なもの）以外の「加納・余田」の収公と、荘民の濫行の停止を命じ、そのための調査を指示したものである。これは、「庄園本免」以外に「加納余田」を拡大しようとするいわゆる「加納」「出作」問題に対するもので、対象を「社・寺、院・宮・諸家」全般の荘園としている。中央の「神社・仏寺、院・宮・諸家」に関する不当性を追及する場合の対象となる行為は、第一条にあるように、宣旨を帯びずに荘園の立券を行うことそのものであったのに対し、現地側の人々（ここでは明確に「庄民」と表現されている）の不当性を問題とする場合に対象となる行為は、この第二条のように、公認された「本免」以外に「加納・余田」と号したり「出作」と称したりして、「公田」を押領し、国司ルートの徴税に抵抗し官物を対捍する行為であった。これらの行為は「乱行」として現われるため、「加納・余田ならびに庄民の乱行」という言い方がされるのである。このことは、荘園立券行為自体は中央権門の判断なしではありえないことであったのに対し、一旦それによってわずかな面積でも荘園の本免地が認められた場合、現地の荘民たちはそこを根拠地として、「加納・余田」という名目を掲げて、開墾地でもないのに、公田を取り込んで荘地拡大を図ろうとする傾向にあったことを示している。

第二条は、そのような事態に対し、基本的には本免田以外の「加納・余田」を収公する方針を示したものであるが、厄介だったのは、過去の天皇宣旨や白河・鳥羽両院の院庁下文を根拠に領有を主張する勢力であった。それに対しては、例外的に「但し、宣旨ならびに白川（ママ）鳥羽両院庁下文を帯びなば、領家、件の証文を進め、宜しく天裁を待つべし」と述べている。すなわちここでは、以前の天皇宣旨や白河・鳥羽両院庁下文によるものを尊重して、直ちに否定してはいないが、その場合でも、領家からそれらの証文を提出させ「天裁」を待てと述べているように、それを認めるか否かについても、あくまでも現政権が判断すべきものとしているのである。よく知られているように、現実に「白河・鳥羽両院庁下文」の効力には強いものがあったが、建前上はそれを認めるか否かについても今の後白河天皇政府が判断することとして、現政権の「王命」の絶対性を打ち出している点が重要なのである。この現政権の「王命」絶対の立場は、第一条で強調している「王命」の絶対性にも通じるものであるだろう。ただし、人々が依存を深めている既成事実を、現政権の判断で取り消せる客観的条件があったか否かは、別問題である。

B　「神社・仏寺」、地方「寺社」等の諸宗教勢力の全国的「乱行」諸問題への対処

第三条：「諸社神人」の加増・乱行問題への対処として、乱行の停止と神人の正規の定員を維持するための措置を

各国国司に命じ、あわせて伊勢大神宮・石清水八幡宮・鴨御祖社・賀茂別雷社・春日社・住吉社・日吉社・感神院（祇園）の社司らに「本神人交名幷証文」の注進を命じたものである。

第四条：「諸寺諸山の悪僧」の「凶暴」問題への対処として、その乱行停止を各国の国司に命じ、あわせて三寺両山（興福寺・延暦寺・園城寺・熊野山・金峰山）の所司らに、特に夏衆・彼岸衆・先達・寄人等の「父母師主及所縁等」の注進を命じたものである。

第五条：各国国司の管轄下にある地方「寺社」が、乱行を働き国務を妨げているのを停止させるよう国司に命じたもので、「奸濫を致す」者について「交名」を注進し、「其の所行に随」い「法に任せ断決」することを命じたものである。

第三〜五条は、神人や悪僧等、神威・仏威を笠に着て国司ルートによる徴税を妨げ、人民から収奪して私利をむさぼろうとする勢力に対する取り締まりを命じたもので、問題となった状況については既述したところである。第三〜五条は共通して実行責任者は各国の国司とされ、それとともに諸社神人乱行については各社司らに、諸寺諸山の悪僧については各所司らに必要書類の提出を命じている。この施策は各国司による取締りの権限の強化を求めたものといえよう。

C　神領・仏寺領（荘園・封戸等）の審査令

第六・七条は、宗教勢力に対するいわゆる荘園整理令で、荘園だけでなく封戸も含めて、その領有が職務・用途という目的に応じて適切な範囲となっているか否かを判断し、領有過多部分を削減しようとするもので、審査令というべき性格のものである。

第六条：諸社が不当に「神領」を立て「公用」を妨げる問題への対処。

第七条：諸寺が勝手に「新立の庄園」を立て「公地」を掠め取る問題への対処。

この審査は、十月二十日に設置される記録所で扱うことになったものである。実際に機能したことは確認できるが、どこまで徹底できたのかは今後の課題である。

ここで、すでに立券されている荘園の領有についてどのように扱っているか、という従来から問題とされてきた論点に即して整理し直すと、基本内容は、次のように分類できる。

①後白河天皇が践祚した久寿二年七月二十四日以後に立てられた神社・仏寺、院・宮・諸家全般の「新立庄園」については、後白河天皇宣旨を帯びずに立てられたものに限り総て停廃する（第一条）。

②久寿二年七月二十四日以前に立てられた荘園については、神社・仏寺領に限って現有所領全体の適否を審査対象とするとしたことで、審査対象に含まれることになる（第六・七条）。

③久寿二年七月二十四日以前立荘の「院・宮・諸家」の荘園については規定が見られない。

ここで、神社・仏寺領については現有所領全体の適否を審査対象としているのに対し、院・宮・諸家の荘園についてはそのような規定がなく、久寿二年七月二十四日以前に立てられた荘園が、審査対象に含められることがない点をどのように考えるべきであろうか。これは、乱後三ヵ月を過ぎた時点において出された保元元年令の性格を、政局の展開の中において考察することによって説明が可能となる。

まず、践祚以来の後白河天皇政府にとって最も切迫した問題は、この間の「院・宮・諸家」による政府を無視した無政府的な荘園立券の動向であって、これに対する処理は、乱に勝利してから以後行ってきた摂関家荘園を中心とする崇徳上皇方所領の没収措置と、それを踏まえた第一条における久寿二年七月二十四日以後宣旨なしに立てられた新立荘園停止策によって基本的には事足りていたと考えられる。すなわち、乱で勝利した側の人々、特に美福門院や後白河天皇あるいは実権を発揮した藤原信西らにとって、院・宮・諸家の「久寿二年七月廿四日」以前に立てられた荘園については、すでに乱直後の敗者側への一連の処置として処理がなされていたため、整理対象に含める必要がなかったからである。政府側は、乱の勝利によって朝廷の分裂を克服したことで、それら一連の処置を済ませることができ、乱後三ヵ月を経たこの閏九月段階に、相対的には朝廷の外にある社寺勢力の領有をもコントロール下に置こうとし、その体制を整えようとするに至ったものとみることができるのである。

以上の性格を有した保元元年令の全般的目的は、一部の不当とみなしうる荘園を国衙領に転倒し、不当に拡大された荘領を国衙領に戻すなどして国司の課税対象をできるだけ確保し、国司の徴税を妨げる動きを退け、国司ルートによる徴税を強化するためのものであった。

この背景に内裏造営があったことは、多くの論者が指摘してきたことである。ただ内裏造営費用そのものは、荘園・公領区別せず課税する一国平均役として賦課されているので、通常の国衙領への課税とは区別しておく必要がある。むしろ、この保元元年閏九月令の実行を通じて強化された国司の権力を背景とし、一国平均役徴収を遂行したと見るべきであろう。この発布目的は、第二条で「蚕食の漸、狼戻の基也」「郡県の滅亡、乃貢の壅怠、職として此れに由れり」とか、第四条で「国の損害、此れより大なるはなし」など、国家財政の危機をもたらす問題として事態を認識しているように、基本目的は、国司ルートによる徴税の強化によって中央財政を再生し、朝廷政治を再興していくところにあり、それに必要な国司を通じての地方支配体制を強化しようとするものであったとみるべきであろう。

(2)　保元二年十月八日の新制

保元二年（一一五七）十月八日、天皇を新造内裏に迎えたその日に、公家新制が発布された。この内容そのものは伝わっていないが、『兵範記』同日条等からその存在と三五ヵ条に及ぶものであったことが知られている。内容については、治承二年（一一七八）七月十八日と建久二年（一一九一）三月二十八日の両新制に援用されているところから知られる約三割分に当たる一〇ヵ条についてみると、A全国的対応措置、B中央の武官関係問題への措置、C京都内における治安・秩序を維持し清浄を図るための措置、の三群に分類できる。これらは、大局として飢饉状況からの朝廷政治再建対策としての性格を有するものであったといえるが、特にAの全国的対応措置には、国司の徴税における行き過ぎを問題にしたものと、国司の徴税を妨害する全国的動向を問題にしたものとの両面を含んでおり、より幅広い視野のものであった。B近衛官人や諸衛官人等の武官関係問題への対処が必要となっていたことからは、保元の乱以後中央貴族社会において武人問題が重要化していたことを読み取ることができる。これは貴族社会の武人化の進行（武人の貴族社会への進出と貴族の武人化の両面を含む）を背景としたものと考えられるが、さらにその背後に乱後も緩慢に続く飢饉状態の慢性化が存在していた。この保元二年十月八日令は、飢饉を背景にしてその甚だしさを強めた社会現象・事態に総合的に対処しようとしていたものということができ、この間、引き続いてきた飢饉の混乱状況から秩序を立て直し、朝廷政治再建を目指すものであった。

保元の乱直後の保元元年（一一五六）閏九月十八日と翌二年十月八日に発せられた二つの公家新制は、この時期の政治が直面していた深刻な飢饉状況（荘園問題も含む）に対処しようとしたものであったが、元年令は国司による徴税強化を図るためのものであったのに対して、二年令は国司による徴税の行き過ぎを是正する要素も含むもので、飢饉状況を背景とした社会的混乱から秩序を再建しようとする総合策であった。

以上からは、信西が目的としていたのは、一一四〇年代末頃から五〇年代を通して続いてきた、久安・仁平・久寿・保元の飢饉ともいうべき混乱した現状に対して、天皇の権威を強化し、その下で国司ルートを通じた全国支配、特に徴税を強化することを軸として、本来あるべきと考える朝廷政治を再建することにあったことが判明してきたであろう。困難な現実に直面する中で、それに流される人ばかりではなく、本気で現実に立ち向かい打開策を打ち出そうとした人もいたのである。これは信西の強烈な理念が背景にあって成されたものと考えられるのである。保元二年十月八日に新造内裏に天皇を迎えるに至ったことは、この混乱した社会・政治状況に対して天皇政治を再構築して対処しようとしてきた信西にとっての一つの段階を画するものであったろう。その日にこれを発布したことからは、次の段階への意気込みを読み取ることができるのである。

2　信西主導の原則論的政策の展開

信西の政治的課題は、保元元年（一一五六）閏九月十八日の新制（いわゆる荘園整理令）に示された基本路線によって、国司ルートによる徴税を強化・徹底して朝廷財政を豊かにし、その財政的裏付けによって、本来あるべきと考える朝廷政治を再建しようとする点にあった。この徴税策を、圧倒的成功に終わったとみることはできないが、机上の空論に終わったとみるのはもっと正しくないだろう。この一年間はそれなりの増収があったからこそ、内裏再建や漏刻設置等々の諸方策が実現しえたと考えられるからである。またその約一年後、保元二年十月八日に出された公家新制における全国的対応措置には、国司の徴税を妨害する全国的動向を問題にしたものだけでなく、国司の徴税における行き過ぎを問題にしたものも含まれていることは、前年の国司ルートによる徴税強化によってある程度の確保がなされたから、次年度はその行き過ぎを抑制するゆとりができたと考えられるからでもある。この間なされた再建への準備策としては、次がある。

保元二年（一一五七）三月二十六日には、紫宸殿・清涼殿等の殿舎や承明門・建礼門等の棟上げの儀がなされ、十月八日には天皇の新造内裏遷幸を実現させている（『百錬抄』）。十一月十三日に漏刻器（水時計）を設置したことは（『百錬抄』）、実質的機能を復活させたという面もあるが、何よりも天皇の具有する「時の支配者」たる地位の象徴を整えたという意味が大きかっただろう。保元三年正月二十二日には長元七年（一〇三四）以来一二三年ぶりに内廷の行事「内宴」を興行し（『百錬抄』）、またこの間断絶していた舞伎の養成所内教坊を興し五月二十九日には舞姫の儀を行い（『百錬抄』）、さらに六月二十九日には、保安年間以来行われてこなかった相撲節を三十余年ぶりに興行するなど、朝儀の復興を図っている（『百錬抄』）。

信西が大内裏造営を行ったことは、天皇親政政治にとっての場を再興したという点で現実的にも象徴的にも大きいものがあった。天皇の居所については、十世紀後期に内裏が焼失してから以後再建されず、里内裏を居所とするようになり、白河・鳥羽二代の院政時代にも放置されたままであった。これは、前述の国司ルートを通じての徴税強化政策を前提として一国平均役を実現して、初めて可能なものとなったのである。この内裏再建の課題については、以前藤原忠通が提案したのに対して、鳥羽院が、「世ノ末ニハカナフマジ」といって斥けたということがあった（『愚管抄』巻第五）。このことは、院政にとっては内裏再建が絶対的に必要なものではなかったことを示している。この時、白河・鳥羽両院政期に放置されていた内裏再建を行ったのは、彼の目標が、院政とは違い、天皇親政を本気で目指そうとするものであったからであろう。なお、『愚管抄』によると、この事業は日本全国にほとんど犠牲を強いることなく行ったとされており、善政との評価も与えられているものである。その課税配分は妥当であったかもしれないが、保元二年の新制において国司ルートによる徴税強化の行き過ぎを是正している事実を知りうるので、この間、過酷な徴税がなかったとはいえない。この時期は、保元の乱の勝利によって朝廷の分裂を克服したことにより政府側の統制力が一時的に強まり、国司ルートによる徴税強行がやり易くなったという事情も考えられるだろう。

このように、天皇政治遂行の条件を整えたところで、美福門院と計って、保元三年八月十一日後白河天皇の退位＝守仁親王への譲位を決定することになったのである（『百錬抄』）。このことから、この間の信西の努力は、二条天皇の下の政治のための地均し（準備工作）であった可能性が浮上してくる。内裏を新たに建造したのも、むしろ二条天皇を迎える目的のためであったとも考えられるのである。これは、信西の目的が後白河院政とは別の方向を向いていた可能性を示している。

3　後白河天皇即位と退位の事情

〔後白河天皇即位の事情〕　そもそも、雅仁親王（後白河天皇）が即位できたのは思いも寄らない近衛天皇死去によるもので、しかもその即位は、美福門院の意思に沿った鳥羽院政路線を維持するための一時しのぎ的なもの（＝中継ぎ）とみられていたことは、多くの歴史家が一致して指摘するところである。すなわち鳥羽法皇と愛妃美福門院は、愛息近衛天皇死去後の天皇として崇徳上皇の息子重仁親王が即位するのを妨げようとしていたが、美福門院との間に他の男の実子がなかったため、英明であるとみられていた美福門院の養子守仁親王即位を意図することになっていた。しかしその父＝雅仁親王が天皇になっていないのにいきなり守仁を即位させるのも不自然であるとして、まずはその父を即位させたものと考えられている。すなわち、守仁の父である雅仁親王即位＝後白河天皇誕生は、そのための臨時の中継ぎ的措置として関白忠通らと図ってなされたことが知られているのである。守仁の父雅仁親王即位は、暫くして守仁に譲位させ皇位を継がせようとの算段の下になされたものであった。

〔後白河天皇譲位の画策〕　実際、この中継ぎ策はその後予定通りに進行し、約三年後には後白河に譲位させ、二条天皇即位への運びとなっていく。後白河天皇譲位の決定については、『兵範記』保元三年八月四日条の「近日俄に其儀出来する歟、唯、仏と仏との評定、余人沙汰に及ばざる歟」との記事が注目されている。そこにある「唯、仏と仏との評定」に関する解釈として、安田元久・五味文彦らによって、「仏」とは二人の出家者たる信西と美福門院を指していること、譲位はこの二人だけによって決定され、「余人」は関わっていなかったことが明らかにされている（安田　一九八六、五味　一九八七）。問題は、二人がこれを決めた事情についてであるが、美福門院側が言い出したもので、信西が「後白河が院政を行うことで信西も譲位は認めざるを得なかったのであろう」（五味　一九九九）とされている点は問題を残す。この見解は、従来からの、信西が後白河の近臣であり彼との関係においてのみ自己の政治的生命を維持できないとする一般的理解に従ったものと思われるが、果たしてこの決定において信西は受身であったのだろうか。むしろ彼も既定の方針として積極的にこれを求めており、後白河譲位後は、二条天皇の下での政治に橋渡ししようと意図していた可能性も考えられるのである。

以上のように、保元三年（一一五八）八月十一日の後白河天皇譲位が、突如、美福門院と信西との相談によって決定されたこと事態が、この時期の政治的指導において、鳥羽法皇の遺志を体現するものとしてまだ両人が実権を発揮していたことを示しており、この段階までは、予定通り、後白河を二条天皇への中継ぎとして扱って、二条天皇即位実現を図る路線が生きていたとみることができるであろう。また、この出来事自体が、信西と後白河との間の対立要因となって潜在化していった可能性もある。従来の後白河院近臣説では、その後に後白河院政が行われ、信西は院近臣として動くようになるのだから、この点で両者の間には対立はありえないと考えてきたが、果たしてどうであろうか。前述の乱後の一連の政策からは、信西の理想とするところは院政にはないことが窺われ、したがって信西の政治目標は二条天皇の親政政治にあって、彼が後白河天皇「親政」政治から二条天皇「親政」政治への交替を図っていた可能性を見るべきではないか。

4　後白河院政への掣肘

二条天皇の天皇親政政治と後白河上皇や院政派との対抗は平治の乱の数年後に顕在化してくることが知られているが、信西の政治目標が二条天皇親政への移行にあったとすると、すでに平治の乱以前にその萌芽があり、後白河と信西との対立の根本的要因はそこにあった可能性が考えられるのである。すなわち、後白河譲位後の信西にあっては、その政策の方向性において、後白河上皇による院政路線よりも二条天皇による天皇親政路線を育て支える方向性を有し、院の側近でありながらむしろ院を掣肘しようとする側面が強く出て、それを後白河上皇が警戒し敵視した可能性があると考えられるからである。すなわち、信西が美福門院と談合して既定方針通り後白河の譲位を決定し二条天皇即位を決めたことは、むしろ後白河の意思に反するものであった可能性が高くなる。しかも、その後、二条天皇に忠誠心を示し、後白河の政治関与を阻止しようとする動きを見せたとしたなら、信西の存在は、後白河院にとってはむしろ敵意を向けるべきものになるであろう。

その徴証として、保元四年（一一五九）（四月二十日平治元年に改元、即位改元）正月二十一日の二条天皇即位後始めて行われた内宴（再興してから二度目）が注目される。『百錬抄』正月二十一日の記事に「内宴、妓女舞曲を奏す。陽台の窈窕の如し。我朝の勝事此の事に在り。信西入道勅を承りてその曲を練習せしむ」とある。信西が、二条天皇の勅をうけて妓女の舞曲を含む内宴の指揮に関わったことを伝えているのである。内宴とは、天皇が宮中に文人を召して催す詩賦の宴で、前年の正月に復活されたものであるが、天皇の催す内廷の宴において信西が指揮をとっていることは、彼が即位直後の二条天皇との主従関係の中に自らを位置付けようとしていたものとみることができる。これは後白河にとって歓迎すべきことではなかったであろう。また『平治物語』が伝える、後白河上皇が、藤原信頼が望んだ「大臣の大将」への任官を推挙したのを、信西が拒んだという話も、事実を反映したものである可能性が高い。この信頼昇進拒否の時期を明確に記すものはないが、「信頼卿伝」(『尊卑分脈』第一篇三一六頁)によると彼の昇進は保元三年十一月二十六日右衛門督に着いたところまでとなっている。信頼の昇進は八月の後白河の譲位後三ヵ月後まで続いたが、そこで停止していたことになる。この信頼昇進阻止はその保元三年十一月末以後のこととなる。この出来事は、通常信西が信頼の野望を挫いたものとして知られてきたが、見方を変えると、それだけの話ではなく、後白河院政を掣肘した徴証ともみることができるのである。なぜなら院政を実現する上で、院の指示による人事の実現は必須不可欠のことだからである。信西の行為は、信頼にとっても彼を憎む理由となったであろうが、何よりも政治支配＝院政実現を望んでいた後白河上皇にとってこそ憎むべき行為であった可能性が高いのである。

二条天皇即位直後の段階での信西の政治的地歩は後白河院と二条天皇政権の二つに跨っていたが、その目指すところは、美福門院とともに後白河院の政治を掣肘し、二条天皇親政を育成しようと意図していたとも考えられるのである。今日われわれは、「院政期」という概念に縛られ、白河・鳥羽両院に続いて後白河院による院政が行われたことを、いわば歴史の必然であるかのように思い込みがちで、また歴史教育分野では後白河が上皇となると同時に後白河院政が始まったと考える傾向が強いが、この時期、社会的・政治的混乱から秩序再建を図るという課題に直面し、院の関与を排した天皇政治を望む勢力が存在してその努力をしていた事実を見落としてはならない。

5　天皇親政路線と院政路線との対立

社会矛盾の激化に直面する中で、朝廷内においては、政治路線上の対立も生じてくる。それは、現実を乗り切っていく上で、院の容喙を排し天皇の判断を前面に出して政治を行い、国司ルートによる徴税を強化し従来の朝廷の儀式・秩序を再建して行こうとする天皇親政路線と、天皇政府を院の指揮下に置いて現実に応じた対応をしながら（結果的に従来の朝廷政治を少しずつ変更していく）院の支配力を強めようとしていく院政路線との対抗である。この対立については、従来、両派の、政治権力や人事をめぐる派閥争いという面での把握がなされてきたが、筆者は、政治面から経済面に及ぶ政策上の対立の存在にも注意する必要があると考えている。特に財政面での対立として、全国から徴収される物資を天皇政府下の朝廷の蔵に集積するか、院支配下の蔵に集積するかの対立の存在にも目を向けるべきであろう。これは、荘園立券・拡大問題への対処、国衙ルートによる徴税強化問題にも関わってくる。

天皇親政路線についていうと、実際に天皇が親裁するというだけの問題ではない。この時期の基本的課題となっているのは、天皇の政府が、諸勢力による荘園立券・拡大圧力を抑えて、本来的システムに依拠して国衙ルートによる徴税を維持強化させ朝廷財政の充実を図ろうとするという意味が大きいのである（ここでいう天皇親政とは相対的なもので、摂政・関白とか内覧の存在を排除しない）。またこれは、徴税物をあくまで朝廷組織の管理下において、諸行事の費用や各構成員への配分に充てていこうとするものでもあった。それに対して、院政路線は、院が家父長権によって天皇政府を支配下に置き、高位から国司ルートによる徴税と荘園立券などの動きをコントロールして、現実に即応した調停機能を発揮して問題への対処を図ろうとするもので、その過程で、荘園立券を認めるか否かは院自身の判断にあるという絶対的力を示し、結果的に院自身やその近親者・側近等への寄進を受け入れ、院財政の充実化を図っていくことになる。ここにあっては、本来の朝廷財政が衰退することを気にかけるよりも、院の下の財政充実の方に意を注ぐ面が強くなる。もちろん院政においても荘園立券を無制限に容認することはなく、特に院近臣が知行国主・受領となった場合等は、その徴税強化を後押しすることもありうるが、重要なのは、院の権力が強まる中で実質的に院（名目はその近親者や持仏堂など）に対する荘園の集中を進ませ、それらによる徴収物を政府ではなく院の家産経済の管理化に置こうとする方向性を強めることで、経済力を増加させ、院中心の主従制を強化・拡大していく点にある。

白河・鳥羽院政期において、飢饉で苦しむ民衆への対応として朝廷での賑給がまともに行われえなかったのに対して、院の蔵に貯えられていた穀物によって賑給が成されていたことは、白河・鳥羽院政期においては院の経済力が優越していた事を示すものである。もちろん、院にあっても朝廷財政を乏しいままに放置するというだけではないだろう。経済力を充実させ院経済が豊かになった状況で、朝廷を支配下に置いていた場合は、朝廷財政の安定に配慮する余地はでてくるだろう。ところが、譲位直後の後白河上皇の経済力は遙かに劣っていた。彼は、保元の乱の翌年の三月二十五日、頼長らから没収した荘園等を後院領に組み込んだこと以外は大して所領を有していない状態にあったため（『兵範記』同日条）、特に譲位直後に確保していた所領は白河院や鳥羽院に比べてまだ乏しく、またその当時の鳥羽院周辺の女院たちに比しても経済的に劣っており、これから政治力を発揮して自らの経済力強化をはかろうという段階にあった。これは、後白河上皇にとって特に切実な問題であったろう。したがって、天皇親政路線によって自らの荘園立券を抑制されることや、国司ルートによる徴税強化を推進されることには敵意を持つという面もあっただろう。もちろん、院政を確立してある程度の経済力を充実させてからは、朝廷財政にも配慮する度合いは広くなるだろう。したがって、後に露わになる後白河院と二条天皇政府との間の対抗では、院の蔵か、朝廷の蔵か、の対立が隠れて進行することになっていく。これは、国衙ルートによる徴税への手綱さばきに関係してくるもので、高まる荘園立券への圧力に如何に対処していくかに関係する問題でもあった。

6　信西敵対勢力の形成

上述の信西の政治路線は、後白河が天皇の地位にある間は矛盾の顕然化に至ることはないが、譲位後は事情が違ってくる。後白河上皇が自らの意思で動き、政治指導と荘園の集積を目指していたとすると、信西の動きは敵視の対象になってくるであろう。後白河の意思を越えて譲位を決定した信西や美福門院との対決がいずれ必要となってくるのである。さらに問題となるのは、その他の人々の信西への見方である。国司ルートによる徴税強化に裏付けられた内裏再建という点においては、荘園からの収入に一定規模で依存する諸勢力からの反発もそれほど強くはなっていなかったであろうが、それらの政策を支えた信西一族中心の人事配置は諸勢力の反発を買う要因になったと考えられる。保元の乱の勝者側についた人々も反忠実・頼長の摂関家抑圧という点でのみ一致していただけで、実際にはさまざまな立場があり、天皇親政路線と院政路線との対抗が生まれ、それに各人の利益が絡んで形成される派閥間対立が生じてくる。また、基本原則を再建しようとする政治方向に対して、各局面において現実に即応した対処を求める力が働きそれを抑制しようとする。特に彼の辣腕ぶりによってその意を挫かれた者の反発を招き、反対派を生み出すことにもなる。また朝廷政治における信西とその一族の影響が強まったことも、妬みを生み、敵対者を生み出す要因となったであろう。このような事情で、譲位後の後白河上皇と信西との対立が激化し、それを背景に彼の政治への反発者の結集という状況が急速に進行していった可能性が想定できるのである。平治の乱の第一次クーデターで信西が標的にされた理由はここにあったのではないか。

即位当時の後白河天皇は、周囲からは中継ぎ的な無能な天皇と侮られていたようであるが、実は歴代天皇の中でも侮り難い異常な権力欲を有し、思い切った策略にでる人物であったことは、その後の彼の行動から知られるところである。しかし、このことは後になって誰にもわかる形で現われてきたのであったが、後白河天皇践祚の段階においては、信西や美福門院らにとって、予想すらできなかったことだったのではないか。まさにこの侮り難い後白河の性格を見落としていたところに、彼らの誤算があったといえるのである。

なお、二条天皇の天皇親政路線と後白河上皇の院政路線との対抗が顕わになるのは平治の乱の数年後のことであるが、その前提としてこの時期に信西中心に行われたそれら政策のもたらした影響を無視すべきではない。平治の乱第一次クーデター前の二条天皇の認識がどの程度のものであったのかについては判断しきれるものでないが、乱後二条天皇は朝廷政治のそのようなあり方を理想とした信西の思想に喚起され、院政を排した天皇親政路線を自ら追求することになった可能性は大いにありえるのである。二条天皇側近の親政路線支持についても、同じく信西の影響を無視すべきではないであろう。

三　平治の乱

1　平治の乱の基本過程

(1)　第一次クーデター（十二月九日の政変）

第一次政変は、平清盛が熊野詣でに出発した後の十二月九日夜、右衛門督藤原信頼と左馬頭（前下野守）源義朝らの挙兵に始まったが、その行動目的が何処にあったのかが問題となる。これが信頼の独断によるものとする旧説に立つと、基本的狙いは上皇と天皇を自己の支配下において朝廷政治を独占し、出世の妨害者信西を打倒しようとしたものということになる。『百錬抄』に「上皇の三条烏丸御所に放火し、上皇・上西門院（統子）を一本御書所に移し奉る」とあるのは、彼らが強制したものということになる（『平治物語』も同様）。河内祥輔の後白河院首謀説に立つ場合、三条烏丸御所の火事は義朝軍の意図的放火によるものではなく失火等によるもので、院は実質的に束縛されていなく行動は自由な状態にあったということになる。その時、義朝らの軍は、標的の藤原信西を捕まえようとして、三条烏丸御所を探索したが見つけ出せず、その後、姉小路西洞院の信西邸を捜索しても発見できずそこを焼き討ちしている。信西はクーデターを事前に察知し、直前に脱出して山城国南部の田原という所（『愚管抄』では大和国とあるが、『平治物語』では伊賀と山城の境とある）に逃げ、その奥山の「石堂山の後ろ志賀楽が嶺を遙かにわけ入」り、山中（近江国甲賀郡）（『平治物語』）に穴を掘りその中に入ったという。その場所を追手の前出雲守光保らが尋ね出だし、掘り出して首を切り取ったという（『平治物語』ではまだ息があるのを切ったとするのに対し、『愚管抄』では自害して果てていた首を切り取ったとする）。その首が、十二月十七日都にもたらされ（『百錬抄』による。『平治物語』では十五日とある）、廷尉（検非違使の次官）が河原で請取り、大路を渡され西獄門前の樹に懸けられ、梟首されたのであった。一旦は逃げた彼の息子たちもその後捕えられ、俊憲ら一二人の息子たちは流罪になっている（のちに罪を許され召喚）。この時、信西は藤原師光ら従者四人から「唐」（宋）に逃亡するよう勧められたが、それを断り、自ら死を選択したとされる。彼が生きる道を断念した理由について、河内は、信西の真の敵が後白河上皇であることを悟り、国内に生きる場所がないと認識したからではないかとされる。一方、政変の論功行賞は政変勃発の翌日の除目で行われ、信頼は「大臣の大将」、左馬頭義朝は播磨守を兼任することになり、その他の武士へも恩賞が与えられている。『平治物語』上「信西の子息尋ねらるる事付けたり除目の事并びに悪源太上洛の事」には、「兵庫頭頼政は伊豆国を給、出雲守光泰は隠岐国、伊賀守光基は伊勢国、周防判官末真は河内国、足立四郎遠元は右馬允になさる。鎌田次郎は兵衛尉に成て政家と改名す。今度の合戦に打勝ば上総の国を給るべき由の給《たまひ》けり」とある。

問題は、もし後白河上皇が首謀者であるとする説が事実であるなら、何故その後『百錬抄』『平治物語』『愚管抄』等々の歴史叙述においてそれが伏せられ、信頼独断説が語られることになってしまったのかという点である。河内は、それは二十五・二十六日の第二次政変で第一次政変の中心的実行者たる信頼・義朝等が敗退し謀反人とされた結果、第一次政変結果そのものが否定されたことに関連したものであるとする。すなわち、その際、第二次政変首謀・実行者たちが、後白河上皇個人との摩擦を避けるために彼を離間させ、責任を信頼だけに転嫁し、敵を信頼とそれを支えた義朝軍に絞ったのである、とするのである。また、第二次政変により第一次政変による体制が崩壊した後も、真の首謀者後白河上皇に累が及ばないで、実行責任者信頼に罪を着せることにして幕引きを図ろうとする政治的判断がなされたことによるとされる。この説を補強する立場に立つとすると、のちに後白河院政が行われ、彼の責任を暴くような言論の存立する余地がなくなったことによる点も大きいことをあげることができるだろう。

(2) 第二次クーデター（十二月二十五・二十六日の政変）

その後の第二次政変の展開については、河内説に従おう。九日政変で信西を除去して、一旦信頼執政による後白河院政が成立したが、これに危うさを感じた藤原公教など公卿の主だった人々が謀議し、清盛の軍事力に頼り、二条天皇の政権を打ち立てる方針を決定する。この策が成功するための決定的条件となったのは二条天皇を秘かに脱出させ六波羅の清盛邸に招くことであったが、もう一つ後白河上皇を信頼から離間させる対策も必要であった。公教派は上皇に会っているが、そこでこの計画を告げ、信頼を見限ったならば責任を問わない旨を伝えたのであろう。実際に十二月二十五日夜、二条天皇・中宮は脱出に成功し、清盛の六波羅邸に移る。上皇の方は秘かに一本御書所を出た後に仁和寺に移り、一連の政治過程から一線を画す位置に立つ。この策を成功させることによって、信頼・義朝方を賊軍の立場に追いやり、十二月二十六日清盛勢を中心とした「官軍」と義朝・信頼らの「賊軍」との決戦が行われた。その結果、官軍が勝利して義朝らは逃走し、二条天皇側の勝利となる。義朝らと別れた藤原信頼は仁和寺に赴くが、知らせを受けた清盛方に「召取」(『百錬抄』)られ、言い訳する機会も与えられず、全ての罪を負わされた形で十二月二十七日、六条河原で斬首となった。これは、累が後白河上皇に及ばないための口封じの意味もあったのであろう。信頼が上皇のいる仁和寺に赴いたことも、彼のクーデター決行が上皇の意思に従ったものであったからこそのことであったろう。またその他の関係者も仁和寺に赴いている。もし通説のごとく、彼の行動が上皇の意思に反したものであったなら、ありえない話ではないか。

なお、第一次政変の時には信頼方についていた源頼政らその他の武士たちも、第二次政変にあたり信頼方を見限り次々と清盛方に属してきたことも、河内説を支持する立場から理解できるであろう。すなわち、彼らが最初信頼方についたのも、それが後白河上皇の意を受けての行動であることを知っていたからと考えられるからである。そうであるならば、上皇が離間させられ信頼のみが謀反人とされる形勢に変化してきたところで、この選択をせざるを得なくなるのは当然であろう。

源義朝ら一行は都を北東へ脱出し、比叡山北方の龍下越(京都大原から近江国滋賀郡堅田方面に抜ける道の峠)に出て、叡山横河の法師等の攻撃をかいくぐり近江路に入り、美濃国まで来たところで分散して逃亡を図った。数名になった義朝一行は、平治二年(一一六〇年、正月十日永暦に改元)にはいり、尾張国内海荘(知多半島)の長田忠致の許を訪ねたが裏切られ、正月四日殺害され首は都に送られる。一旦越前国足羽まで逃げていた源義平は、都に戻り清盛を狙うが捕えられ斬首となる。二月九日近江国で捕えられた頼朝は助命され、三月十一日伊豆国蛭ヶ小島に配流となった(日付は『平治物語』による)。

2　平治の乱への評価

十二月九日の第一次政変によって成立した政権の性格について、通説によって位置付ければ義朝らの軍事力に依存した藤原信頼独裁政権とすべきであるが、後白河上皇首謀説に立つと、この間後白河院の政治関与を掣肘して二条天皇親政への移行を計ってきた藤原信西の執政を否定して、藤原信頼執政による後白河院政への移行あるいは後白河院権力の強化を実現したものということになる。後者の説に立つと、第二次政変は、信頼執政による権力強化を図った後白河院政政権を斥けて、二条天皇親政政権樹立を目指したもの（二条天皇親政路線の成立）とみなすことになる。後白河上皇が信西を除こうとしたのは、信西の路線と院政路線とが対立するからであった。筆者は、この説の方が無理のない解釈であると考えている。その後の政局の実際は、後白河上皇院政の復活を目指す動きと二条天皇親政との対抗が潜在状態から顕然化していくことになる。このように捉えると、平治の乱の基底には院政路線と天皇親政路線との対抗がすでに潜在していたことになる。

十二世紀半ば、飢饉状況の悪化・社会矛盾の激化の中での朝廷の分裂現象という事態が生じたことに対して敢然と立ち向かい、天皇政治復権による事態改善を信じてそのための諸施策を断行していった信西は、院政強化を目指す後白河上皇と急激な原則論的政策に反発した朝廷内反対派等によって血祭りに上げられたのである。彼がそのような政治姿勢を持ちえたのは、宋からの書物等によって得た学問的裏付けがあってのことだと思われるが（宋学の先駆）、このような人物を生み出したのも、この時代が、気候冷涼化の緩慢な進行を背景に飢饉状態が頻発し、社会矛盾が激化し、朝廷政治が分裂状態に陥ったという、自然・社会・政治的諸条件抜きでは語れないものであったといえるだろう。

3　貴族の武人化と武人の貴族化

(1)　近衛大将の地位をめぐる軋轢

この時代を象徴する「貴族の武人化」傾向という観点から、藤原信頼の目指したところについて触れておこう。『尊卑分脈』（第一篇三〇四頁「道隆公孫」）によると、信頼は藤原道隆から七代目にあたる。祖父基隆は「従三（位）修理大夫」、父忠隆は「従三（位）大蔵卿」、兄隆教は従五位左兵衛佐、基成は従五位陸奥守等とあり、祖父・父は晩年にやっと公卿の端の従三位になれたくらいで、家柄としては準貴族（通貴）の上とでもいうべき程度のものであったが、彼だけは保元三年（一一五八）にわずか二十代半ばで正三位へと特別の出世を遂げている。特に平治の乱の前年保元三年についてみると、二月三日皇后宮権亮、同月九日正四上、二月二十一日参議、五月六日従三位、五月二十一日左兵衛督、八月一日皇后宮権大夫、八月十日権中納言で正三位、十一月八日別当、十一月二十六日右衛門督に、と目覚しい出世である。これは、彼が後白河上皇と男色関係によって繋がっていたことが指摘されているように、上皇の寵愛を得ることによって可能となったものであろう（石井　一九七五、東野　一九七九、五味　一九八四など）。「信頼卿伝」（『尊卑分脈』第一篇三一六頁）は、ここまで地位を上げたところで終っている。それは、さらに上を目指したところで、『平治物語』が語るように、その野望を信西によって阻止されていたからであろう。また、第一次政変直後の臨時除目で自ら采配して昇進した地位「大臣の大将」についての記録がないのは、第二次政変の結果、公式には無効とされ除かれることになったためであろう。

ここで注目される点は、信頼が、文官としての地位だけでなく武官としての最高の地位をも目指していた点である。急昇進を遂げた者やその一族が、朝廷内において武官と文官の両高官を得ようとしている点は、後述のごとく、平氏一族の先蹤となっている。朝廷内で絶対的地位を築こうとする時、両高官をえようとするようになってきた点に、この時期に武官最高の地位掌握が重要化してきたことが示されているのである。これは、この時代の情勢がそのような傾向を助長していたからであろう。しかし彼はわずか二十五、六歳で殺され、そのような地位獲得はその後平氏一族によって実現されていく。また、このような武の高官の競望は、平治の乱以後にはいわゆる鹿ヶ谷事件の原因となった「院の権臣・寵臣」といわれた権大納言藤原成親にもみることができる。彼は、安元三年（一一七七）に左近衛大将を望んだが、実現されず、清盛の子重盛・宗盛兄弟が左右近衛大将につくという形となったのをうらみ、平氏討伐を図ろうとしたという可能性が指摘されている。近衛大将という地位は、クーデターを企てる理由の一つになるほどの地位となっていく。

近衛大将は、称徳天皇時代の天平神護元年（七六五）、禁中や天皇行幸の時に警衛する職務として発足した近衛府の長官である。その後、中衛府を併合する等の改組があったが、禁中の官としての性格はそのままであった（和田一九〇二）。それが、この時期には武官全体を統率する総大将格を象徴する性格を帯びてきているのである。院近臣における出世争いで、武の最高官を競望する傾向は、藤原信頼→藤原成親とみることができるのであるが、平治の乱後にあっては、清盛一族の力がずば抜けたものとなっていったため、平氏の独占に至るのである（ただし、清盛自身は現実の重みだけで充分で、この職を得ていない）。安元三年の競望では、清盛の二人の子息重盛・宗盛が左右の近衛大将となったが、清盛はそれを統括する地位にあったといえよう。この、信頼が欲し、藤原成親も欲し、平清盛の子息の重盛・宗盛が着任したこの近衛大将という武官最高格の職は、のちに頼朝にも建久元年（一一九〇）に与えられている（右近衛大将）。この職は、日本国の軍事部門の最高統率者を示す地位となってきたが、後白河法皇はこの職を与えることで、軍事統率者を自己の支配下に抱え込む基本的手段としようとしていくのである。今日、頼朝の地位については、通常、建久三年「征夷大将軍」職就任を基準として見ているが、そのような見方が定着するのは後世のことで、鎌倉幕府法等によると、ほとんどの場合頼朝を「右（近衛）大将（家）」と表現している（御成敗式目では「右大将家」と「大将家」だけ）。頼朝以後の代については、実朝を「右大臣家」（追加二七四）と呼ぶ例もあるが、「将軍家」の呼称もあり、御教書では「鎌倉殿の仰せ」という形が定型化していく。

ここに見られるのは、単純に武士が中央に進出して武の地位が上昇してきたというだけではない。文人貴族が武官兼任を目指す傾向の強まりという事態も伴っていたのであって、貴族の武人化とでもいうことができよう。貴族社会そのものが武人化傾向を帯びてきたといえよう。武官全体の格が上昇し、それら全体を統率する地位として近衛大将の職が競望の対象となってきているのである。貴族の武人化、武人の貴族化の両面が進行しているということができよう。

軍事的性格が貴族社会にしみ込むと同時に、梟首の対象も貴族に及んでくる。保元の乱後の処置の場合、獄門に梟首されたのは走狗となっていた武人のみであったが、平治の乱での対象は武人だけではなかった。まず、第一次政変で攻撃の対象とされ死へと追いやられた信西の首が「大路をわたし」獄門に懸けられている（『平治物語』上、『愚管抄』にも近い記述あり）、そして第二次政変では第一次政変の実行者信頼自身も斬首・梟首されたのである。信頼は二十歳代半ばで公卿の端に連なっているが、「大臣の大将」を望むに至り夢は打ち砕かれたのであった。

(2)　清盛の公卿への出世

平治の乱の翌年（一一六〇、平治二年正月十日永暦に改元）永暦元年六月二十日、正四位下にあった平清盛は正三位となり公卿の仲間入りをする。この職業的武人の貴族化は、貴族社会が武人の頭目を公卿の一員に取り込んだことによって成ったものともいえる。この武人の貴族化は、朝廷が、租税徴収がしばしば困難に直面し治安が悪化するという状況を経験し、また二度の内乱を経てくる中で、その統治と平和秩序を維持するために、必要不可欠な措置として執られたものとみるべきであろう。特に事実上軍事・警察機能（＝武威）を担う長を国家最高会議の一員としたということは、彼を国家意思の下に置き、常に味方としておいておくという意味が大きかったであろう。のちに、朝廷の官職の多くが平氏一族に占められ、さらに治承三年十一月の清盛の軍事クーデターによって朝廷が支配されるようになった時からみると、この処遇は後悔の対象となるだけのものなのかもしれないが、この平治の乱後の貴族社会としては、正に期待の星に対する望ましい処遇だった。実際、この時期の清盛は、貴族社会における武人として、分を弁えた行動に徹していた。この時期の清盛について、『愚管抄』に、二条天皇派と後白河院政派の対立の中で「アナタコナタ」していたとの記述がこの点を良く示している。従来は、これを清盛のどっちつかずの態度としてあるいは要領の良い行動などと否定的評価を与えてきたのであるが、それは歴史を超歴史的基準でみるからで、むしろこの段階にあっては、朝廷社会の中で、あるべき正しい行動として評価される根拠となっていたものとみるべきであろう。すなわち清盛は、武官として特定の派閥・勢力に偏せず、できるだけ自制し身分を尊重し分を弁えた行動を心がけており、今でいう文民統制に似た意味の範囲内に自らをおくことに努めていたと理解すべきであろう。この姿勢があったからこそ、貴族社会が彼を信頼し、「異例の出世」が認められることになったとみるべきなのである。

第四章　平治の乱後の社会と政治

保元の乱後は、西国は清盛の武威に、東国は義朝の武威によって、統制され秩序維持を図る体制が作られつつあったが、平治の乱で義朝が除かれた結果、東国へも清盛による武威が及び始め、次第にその秩序に位置付けられていった。平治の乱後の清盛の中央における地位上昇も、彼によるこの全国的軍事支配・組織化の成功を背景としていた。平治の乱以後の中央における政治的動向としては、一一六〇年代前半には二条天皇親政が行われ、その下で後白河院政派と二条天皇親政派との対抗が激しくなったが、朝廷内でほぼ唯一の武威の担い手となっていた清盛の抑制された動きによって、内乱にまで至るのは抑止されていた。永万元年（一一六五）七月の二条天皇急死によって両派の対抗は解消され、一一六〇年代後半は後白河院による院政が行われるようになり、平清盛との協調が成立していく。この時期には、朝廷内に一定の安定状態が生まれたが、その後一一七〇年代に入ると、また飢饉状態慢性化を背景に社会的矛盾が激化し社会不安が増幅していく。朝廷に対しては、荘園問題等をきっかけに寺社勢力の嗷訴などの圧力が強まり、治安も悪化してくる中で、清盛と後白河法皇との協調にほころびが生じ、両勢力が対立するようになって朝廷内に再び亀裂が生じてくるのである。まず、一一六〇年代の相対的安定期についての基本過程をみていく。

一　一一六〇年代の相対的安定期

1　二条天皇親政派と後白河院政派との確執

平治の乱の背景に天皇親政路線と院政路線との政治路線上の対立が潜在していたことをみてきたが、乱後の二条天皇親政下において、後白河院政派と二条天皇親政派との確執が次第に顕著なものとなっていく。

(1)　藤原経宗、惟方の捕縛・配流事件

永暦元年（一一六〇）二月二十日、後白河上皇が清盛に泣きついて、藤原経宗・惟方を捕え拷問にかけ、三月十一日に経宗を阿波、惟方を下野に配流するという事件があった。これは、第一次政変で一旦信頼方（黒幕は後白河院）に加担したが、その後鞍替えし、第二次政変で二条天皇脱出に協力して二条天皇政府の一員となった藤原経宗・惟方らが、後白河上皇が失脚したとみて、上皇を侮辱する行為を行ったため、清盛を頼った上皇の反撃を受けたものであった。

その発端は、後白河上皇がその宿所としていた八条堀河の顕長卿の家に滞在していた時（この滞在は、平治の乱第一次政変首謀者＝後白河院説に立つと、彼に対する実質的な謹慎処置とみることもできる）、桟敷から大路を眺め、下衆らを召し寄せたりして楽しんでいたのを、この二人が命令して堀河の板を外側から打ちつけてしまい、さらに「世ヲバ院ニシラセマイラセジ、内ノ御沙汰ニテアルベシ」などと、後白河上皇の政治生命は終ったかのごとく公言していたこ

とにあった。これを知った上皇が、清盛を召し寄せて、泣く泣く報復処置を依頼した結果のことであった（『愚管抄』）。この事件は、第二次政変によって後白河院政路線が後退して、二条天皇の下で上皇の関与を斥けた政治が執られようとしていたことで、一旦は後白河の謀略に加担した両人が、もはや上皇の政治生命は絶たれたものと判断して、図に乗って後白河院を侮辱したものとみることができるであろう。これは、ある意味で上皇自身による親政派に対する反撃とみることもできるであろう。

(2)　後白河上皇院政路線と二条天皇親政路線との対抗・確執

経宗・惟方事件は、後白河上皇の巻き返しによって起きたものであるが、その後すぐに後白河派が勝利したわけではなく、二条天皇の親政が続いていた。当初両者は対立を抑制していたようだが、そののち確執が激しくなる。

永暦元年（一一六〇）六月十四日、前出雲守源光保父子が謀反を理由として薩摩に流されている。『源平盛衰記』巻第二には、息子の光宗が上皇暗殺を企てたことによるとされ、彼は配流決定ののち自害したとあるが、真相は不明である。これは、両派の対立に関わるものというよりも、第一次政変に関連して信西の首を切って都に届けたことに対する、何らかの報復的要素が絡んだものではないか。

両派の抗争が顕然化するきっかけとしては、応保元年（一一六一）九月三日平滋子＝少弁局（のちの建春門院）が後白河の子（憲仁親王、のちの高倉天皇）を生んだことが重視されているが、天皇政府側が院政派の関係者を失脚・配流させ取り除こうとするという形で展開している。応保元年九月十五日、平頼盛・平時忠らが、時忠の妹の少弁局が生んだ上皇の皇子憲仁親王を東宮にたてようと謀ったとして解官され、時忠は出雲に流されることが決定されていた。同日の除目では、上皇は、平信載を右少弁に、平時忠を五位の蔵人に補すべき旨を申し入れていたが、二条天皇は逆に両人を解官し、藤原長方を右少弁に、藤原重方を五位の蔵人に補したのであった。この時天皇は「天子には父母なし、上皇の仰せなればとて、政務に私存すべからず」(『源平盛衰記』巻第二)と述べたという。これは、上皇の政治への関与を断固として斥けようとする姿勢である。さらに同九月二十八日には、右馬頭伊隆・藤原成親ら上皇近習の官が解かれている(『百錬抄』)。その理由としては、憲仁を東宮に擁立しようとする陰謀が疑われたからであると推測されている。

翌応保二年(一一六二)年五月八日には能登守藤原重家が除籍・解官されている。これは、彼が、上皇が藤原雅頼・同邦綱らを搦め召すべき命を出したとの「誑言」=デマを放ったためであるという。六月二十三日には、院近臣の源資賢やその子通家らが配流されている。賀茂社で天皇を呪詛していたことが発覚したとの理由であった(『百錬抄』『源平盛衰記』『愚管抄』)。この時、平時忠の配流が実行されている。もしこの天皇呪詛事件が真実のことであるならば、上皇方の中に天皇暗殺まで考える者がいた可能性を窺わせる。上皇は、宿願であった「千手観音千体の御堂」=蓮華王院(三十三間堂)を清盛の協力で完成させ、長寛二年(一一六四)十二月十七日供養を行ったが、慣例である天皇の行幸も寺司の勧賞の沙汰もなかった。そのため、供養開始の時間がせまる中で、上皇は藤原親範を通じて催促したがついに勅許はないままであったという。

これらは二条天皇がその政治において、上皇の容喙を排しただけでなく、上皇を特別扱いしない対処に意を注いでいたことを示しており、この時期を、院政を排した二条天皇親政期ということができるであろう。これに対して上皇方の中には天皇その人を暗殺する目論見まで出てきた可能性が窺われる。

このように対立が強まっていたにもかかわらず、中央における両勢力の確執が武力行使に至らなかったのは、圧倒的武力を擁していた清盛が両勢力に加担せず、行き過ぎた行動を取り締まる役割に自らを自制させていたこともあったのだろう。この時期の清盛について、『愚管抄』巻五では「清盛ハ、ヨクヨクツ、シミテ、イミジクハカラヒテ、アナタコナタシケルニコソ」と述べていることについて、従来この時期の清盛が天皇派と上皇派との間でどっちつかずの態度で政界遊泳術に長けた行動をとっていたなどと否定的な評価がなされてきたが、これは当たらないといえよう。むしろ武官として自らを節制しての動きで、両派が安易に武力解決に動き三度目の内乱が起きるのを避けようとする役割を果たしていたとみるべきであろう。『愚管抄』での直前の文章に「清盛ハ、ヨクヨクツ、シミテ、イミジクハカラヒテ」とあるのは、その点を評価してのことであったといえよう。

しかし、二条天皇親政は長くは続かなかった。永万元年（一一六五、長寛三年六月五日改元）六月、にわかに危篤に陥った天皇は、二十五日、二歳の息子順仁親王を立坊させた上で彼に譲位し（六条天皇）、七月二十八日に崩御したのである。あまりにも後白河上皇派に都合よく二条天皇が死去したわけだが、これによって後白河上皇の院政実現への可能性が強まった。六条天皇の摂政藤原基実も、その後仁安元年（一一六六）七月二十四日早逝し、六条天皇親政への途は鎖され、在位三年わずか五歳にして仁安三年二月十九日憲仁親王（高倉天皇）への譲位となる。二条天皇死去は、謀略で毒を盛られたことによる等と疑いたくもなるが、具体的根拠はない。

2　国司の徴税攻勢と荘園をめぐる対立の激化

二条天皇の天皇親政政治は、表面的な人的派閥対立として現われる院政路線との対抗だけではなく、経済政策の深みにおいても捉える必要がある。二条天皇は、信西執政時代の国司ルートによる徴税強化策を引き継ぎ、さらに荘園停廃策を推進しようとしていた。

この時期の政策を象徴する出来事として、『長寛勘文』（長寛元年四月の八つの勘文が収められている）が伝える甲斐国国司による徴税攻勢が引き起こした甲斐国八代荘停廃事件があげられる。この事件は、甲斐守藤原朝臣忠重が、目代右馬允中原清弘・在庁官人三枝守政らを通じて、熊野山領甲斐国八代荘の停廃を武力発動によって強行したため、熊野権現の所司らが甲斐守藤原朝臣忠重ならびに目代右馬允中原清弘・在庁官人三枝守政らを訴えたことによって問題化したものである。その法的判断が問題となったきっかけは、この訴訟の勘申を行った明法博士中原業倫が、熊野権現は伊勢太神宮と同体であると解釈し、甲斐守忠重が命じて行ったことは「大社神御物」を盗む罪であると判断したことにあった。そのため、伊勢太神宮と熊野権現は同体なのか否かが争われ、真偽の判断が専門家に求められたため、一連の勘申が行われ、いくつかの勘文がまとめられ写されることになり、事件の史料が残されることになったのである。

事件の経緯は、長寛元年（一一六三）四月七日付けの従五位上守大判事兼明法博士備前権介中原朝臣業倫による「甲斐守藤原朝臣忠重ならびに目代右馬允中原清弘・在庁官人三枝守政らの罪名」の勘申文書に引用されている応保二年（一一六二）十二月の「熊野所司等」の訴状から知ることができる。そこには、二条天皇親政の下で顕著となった在地情勢の一端が示されている。それによると、甲斐守藤原朝臣忠重から八代荘の「停廃」を命じられた目代右馬允中原清弘・在庁官人三枝守政らは、「恣に……、榜示を抜棄て、年貢を奪取し、在家を追捕し、神人を搦め取り、或は其の身を禁じ、或は其の口を割くの事」を行ったとされているのである。この裁判そのものは、八代荘が久安年中（一一四五～五一）に鳥羽院庁下文によって立券されたとする熊野山所司らの訴えが認められ、停廃措置が無効とされ荘園として復活することになっている。敗訴した甲斐守藤原忠重は解任され伊予国に配流、目代中原清弘は禁獄となっていることが知られる（『尊卑分脈』）。

ここで注目すべきは、甲斐守藤原忠重側の主張から知られる、目代や在庁官人らが八代荘停廃に及んだ経緯である。

長寛元年（一一六三）四月七日付けの従五位上（異本では「下」）守大判事兼明法博士備前権介中原朝臣業倫」の勘申文書に引用されている甲斐守の目代清弘申状によると、彼が目代に任命されて現地に下ろうとした時に「寛徳（以後の）新立庄、可㆓停廃㆒之由」の「宣旨」が出されていたという。それを受けた彼は、さらに、停廃すべき荘園を具体的に示して欲しい旨を国司に要請した上で甲斐国に下向したが、しばらく指示がなかった。下向後たびたび催促した結果、届いた消息に停廃すべき荘園として八代荘も記されていたというのである。

ここで重要な点は、「寛徳（以後の）新立庄、停廃すべし」との「宣旨」が出されていたことである。すなわち、二条天皇親政下では、荘園整理をめぐって、かつての寛徳二年以後の新立荘園を停止するという基準が持ち出され、それを宣旨万能主義的な姿勢で実現しようとしたために、現地においてはこのような混乱が生じてしまったと考えられるのである。このことは、二条天皇政権が従来からの封戸支給にこだわっていたことにも関係している。手掛かりとなるのは、応保二年八月のものと考えられる甲斐国国衙に充てた「東大寺牒」案文（写し）である（『東大寺文書』四ノ四三、「東大寺牒案」）。これは、甲斐国国衙に宛て、「寺家封戸伍拾烟調庸雑物代等」の弁済を催促したもので、端裏書に「甲斐・武蔵催牒案」とあるので、武蔵国に関しても同様な牒が送られていた可能性がある。文中に「而して貴国年を追って弁済の勤め無し。茲れに因り恒例の勅事・御願生かされ（がたし）、何んぞ況んや堂舎修造（において）をや。なかんづく近来南大門を造るの間、所用繁多なりといへり」とあることから、この間甲斐国から東大寺に封戸として納められるべき用途が、年を追うごとに納められなくなってきていたことが知られる。さらに、「公家に相聞するのところ、官使を賜はりおわんぬ。早く旧に任せ徴納せしむべきの由、去んぬる五月一日をもつて宣旨を下されおわんぬ、てへり」とあることから、これ以前に東大寺から申請がありそれをうけた宣旨が五月一日に出され、「官使」が催促のため現地に派遣されていたことが知られる。この東大寺牒は八月の日付けになっているので、これは、官使によって五月一日の宣旨を伝えたにもかかわらず、甲斐国からの納入がなかったので、改めて寺家から催促しようとしたものであろう。この約二ヵ月後に甲斐守藤原忠重が目代中原清弘・在庁官人三枝守政に命じて、熊野社領八代荘を強引に停廃した事件が起きたのである。この東大寺牒は、この停廃事件の背景を窺わせる手掛かりを与えるものであろう。すなわち、一一五〇年代の慢性的飢饉状態の中で、荘園乱立もあって（特に保元の乱直前までの）、国衙の正規の徴収額は激減して、甲斐国から東大寺封戸として納められるべき分も次第に減少し、応保二年（一一六二）になってはほとんど納められていない状態になっていた。そのため、東大寺は朝廷に訴えて定められた分の納入を促したのである。二条天皇政府は、この東大寺の封戸確保の要請に応じて、応保二年五月一日に宣旨を出し、官使による催促を行わせた。強力な荘園停廃方針を余儀なくされることになった背景には、このような事情が存在していた。二条天皇親政は、本来の国司ルートによる徴税確保を強化するという方向で臨んでいたのである。

3　二条天皇親政路線の挫折

ここで、国家的給付を受ける立場に焦点を当ててみよう。従来の荘園制成立論では、封戸制度が後退して荘園制が成立してくる、という一般的図式を提示してきた。それは結果論としては成り立つものであるが、渦中にあった各権門層にとって、ことは切実であった。彼らは、むしろ本来の封戸収入が保障されることを望んでいたが、それが不足する方向にあるという現実の中においては、封戸でも荘園でも収入が確保されればよい、という実情にあった。したがって、封戸収入減少の流れが絶対的となったこの時期にあっても、諸権門特に寺社勢力は、まだそれによる収入確保の可能性を放棄したわけではなかった。一方では今までに確保してきた荘園の維持や拡大を図りながら、他方では封戸収入の減少を食い止めようとして、その規定額の確保の働きかけを朝廷・国司に対して行っていたのであった。

この間の朝廷は、規定額の封戸収入を確保しようとする動きと、荘園維持・拡大を図ろうとする動きとの、相矛盾する圧力を受けるという状況の中に置かれていたのである。したがって、時の政権は、常にこの問題への対処を必要としており、その政策には、封戸配分額をできるだけ確保する方向を認める要素と、封戸収入額減少に伴って諸権門から求められる知行国配分や荘園領有の求めを受け入れる方向の要素、との相矛盾する要素を抱えこまざるをえず、その中でのバランスを図りながら対処せねばならないという事態に直面し続けていた。この時の二条天皇政府は、まだ封戸収入を求める要求に積極的に応えようとする側面が強く、それを前面に押し出していたのである。この方向性・考え方は、保元の乱後、本来の朝廷政治のあり方を再建する方向で現実に対処していこうとした信西の政策を受け継ぐ性格のものであったといえるだろう。またこれは、公平性を図るためには後白河院からの荘園等を求める動きを抑制する立場にも通じるものでもあった。二条天皇が、「天子（天皇）には父はいない」と言い放っていたという伝があるのは（『源平盛衰記』巻第二「基盛殿下の御随身を打つ事、附主上上皇除目相違の事」）、このことから理解できるのである。

しかし、この八代荘をめぐる一連の過程からも窺えるように、二条天皇政権の国司ルートによる徴税強化の方策も、荘園領主側の反撃によって簡単に後退を余儀なくされるという現実にあった。この時期の政権は、封戸減少・荘園拡大への圧力の中でまじめに取り組めば取り組むほど、その矛盾と複雑な壁の大きさに挫折を余儀なくさせられるという状況にあったのである。また、このような状況の中にあって、現地荘園は国衙ルートによる徴税と荘園領有志向との矛盾が武力行使をともなう衝突の場となっていたのである。特に甲斐国八代荘の場合のように、「寛徳（以後の）新立庄、停廃すべき」という「宣旨」を打ち出したことは、実質的に白河院や鳥羽院によって承認されていた既成の荘園まで国衙領への転倒対象とされることになり、荘園領主にとって一応の安定を得ていた部分まで食い込んで否定され、かえって経済的安定を乱すことになった。これは権門層にとって由々しき事態であったろう。そのため、朝廷において、訴訟という形での反撃が開始され、国衙領化を無効とする判決に至ったのである。そこでまず処罰の対象とされたのはその責任者の国司や直接的指揮を執った目代・在庁官人たちであったが、そのような出来事が積み重なる中で、頂点にあった天皇に批判の矛先が向いていくのである。

同じく二条天皇親政期の長寛二年(一一六四)あるいは前年頃、摂関家領の武蔵国稲毛荘の年貢等が差し押さえられるという事件も問題化していた。これは、長寛二年七月十八日「大江某注進状」(『平安遺文』三二八九号)によって知られるものであるが、差し押さえられたのはその二年前の分で、「末成一人沙汰」として取られた分と、「末成・為次両人沙汰」として取られた分とがある。これも二条天皇の国衙ルートによる徴税強化路線を背景としている可能性が高く、摂関家領の国衙領への転倒と同時にこの間の未納分の差し押さえを行ったものであろう。この史料が陽明文庫所蔵の『兵範記』仁安二年秋巻紙背文書として伝来してきたことは、これが朝廷において訴訟化したため必要書類が提出され、のちに料紙として再利用されたことを示している。またその後に荘園として認められていることは、この稲毛荘の国衙領への転倒策も失敗に終わっていた可能性が高いことを示唆するであろう。

太政大臣藤原伊通(太政大臣就任は永暦元年〈一一六〇〉)が二条天皇(在位一一五八〜六五)に提出した意見書『大槐秘抄』には、封戸収入欠如現象と知行国・荘園領有への衝動とが密接な関係にあり、そこに公卿層の本音がみられるということを前述したが、この提言には、封戸収入確保のため荘園停廃策を強く押し出している二条天皇親政に対し、自制を求める面があったとみるべきかもしれない。すなわち、上達部=公卿たちにとって封戸収入激減という状況が絶対的現実となった今日では、荘園や知行国がなくては公私の生活が維持できなくなっていることを指摘している点である。しかし、五〇年代よりは飢饉状況が緩和されてきたとはいえ、この一一六〇年代も、以前に比べて中央支配層の総収入が減少していたことは確かなことであり、どちらの方途を強調しても、パイの縮小という絶対的状況に追い詰められた中での選択肢であった点に変わりはなかった。その基底的条件として、気候の悪化を認識しなければならないのである。

4　後白河院政の確立と清盛との提携・協調体制

(1)　清盛の出世

平治の乱以後、天皇親政派と院政派との確執はあったが、どうにか平和状態が続き、その後も一一七〇年代に至るまで大きな武力行使に至らなかったのは、慎重な判断力を有していた平清盛の力が寄与していたという面は見落とすことができないだろう。また、決して良好な気候状態が続いていたわけではないが、一一六一年の飢饉以後は極端な気候不順による大飢饉が起きず、社会的矛盾の激化に至っていなかったことも幸いしていたといえよう。特に、二条天皇死去後は、後白河院政が清盛との協調によって、ともかく社会的・政治的矛盾の激化から朝廷の亀裂に至るのを抑制できており、貴族社会全体が清盛の軍事力を信頼し、頼るに任せていた。このことが、仁安二年（一一六七）に至り、武士でありながら従一位太政大臣に登りつめるという、清盛の「異例な出世」の背景となっていたと考えられる。

清盛の異例な出世への出発点は、正四位下から永暦元年（一一六〇）六月二十日正三位に叙せられた時にあり、彼が公卿僉議すなわち国家最高会議に参加しうる貴族の一員となったことを意味する。ここから異例の出世をしていく様子を『公卿補任』により追ってみよう。

位階についてみると、応保二年（一一六二）八月二十日に「稲荷・祇園行幸の事の賞」として従二位、永万二年

（一一六六）六月六日臨時の叙位で正二位、仁安二年（一一六七）二月十一日に従一位、へと進んでいる。官職についてみると、正三位時代では、永暦元年（一一六〇）六月二十日大宰大弐（正四位下の時の保元三年八月十日から）、八月十一日大宰大弐留任、九月二日右衛門督を兼任していたが、十二月三十日大宰大弐を辞している。永万二年正月二十三日近江権守と検非違使の別当、九月十三日権中納言と進み、この間右衛門督を兼任していた。応保二年正月九日一旦右衛門督と別当を辞す書が出されているが、閏二月九日両職を「旧の如くの由」が宣下されている。その上で、四月七日皇太后宮権大夫の兼任となっている。従二位に進んだ応保二年八月二十日以後については、九月に再度右衛門督と別当を辞したのに対し、十月三日両職が「勅受」されている。右衛門督は信頼がクーデター前までに到達していたもので、近衛大将に至る前の武官職となっていたようである。清盛は、平治の乱後にはすでに実質的に軍事・警察機能を統括しうる立場にあったが、それに見合う地位として、この右衛門督と検非違使の別当職が付与されていたと考えられる。この時期の清盛は、人々の妬みなどを配慮してたびたび辞退するという極めて慎重な態度に徹していたのに対し、朝廷が進んでこれらの職を宛がっていたことがわかる。応保三年（一一六三、三月二十九日長寛に改元）には「皇太后宮権大夫」とあるだけで、右衛門督と別当は別人がなっているようである。長寛二年（一一六四）も同様である（これは嫡男重盛がすでに従三位で右兵衛督になっているからか）。長寛三年（一一六五、六月五日永万に改元）八月十七日には権大納言となるが、兵部卿・皇太后宮権大夫は兼任となっている。永万二年（一一六六、八月二十七日仁安に改元）六月六日臨時の叙位で正二位となったのち、兵部卿・皇太后宮権大夫の兼任のまま、十月一日春宮大夫、十一月十一日内大臣をも兼ねるに至る。

このように文官と武官の両職を昇ってきた末に、ついに、仁安二年（一一六七）二月十一日、従一位に叙せられ、太政大臣も同日に任じられたのである。この時の清盛への扱いと、彼の対応を示すものとして、『公卿補任』には、

「左右近衛府生各一人、近衛各四人をもつて随身となす。又輦車を許す。同十四日拝賀すと云々。五月十七日表を上る。太政大臣ならびに兵仗輦車を辞す。即ち勅許す」とある。これは、太政大臣に任じられた時、清盛に随身として左右の近衛府生各一人と近衛兵左右各四人がつき、兵仗の輦車に乗ることが許されたが、同月十四日に拝賀の儀式を行ったのち、五月十七日に太政大臣と兵仗の輦車を辞退し、勅許されたという事情を伝えている。この後、清盛の地位は位階だけあって官職につかない「散位」となるが、八月十日の官符で、播磨国印南野・肥前国杵島郡杵妙郷、肥後国御代郡南郷・土比郷などを「大功田」として与えられ、子孫への伝領が許されている。以後は彼の息子たちや一族の出世記事である。

なお、この仁安二年五月十日、清盛の嫡男で権大納言の職にあった重盛に対し「東山・東海・山陽・南海道等の賊徒」を追討すべしとする宣旨の下されていることが注目されてきた（五味　一九九九、元木　二〇〇一など）。この宣旨には、「東山の駅路の緑林の景競い起き」（山賊）、「西海の州渚に白波の声静まらず」（海賊）と東国の山賊、西国の海賊、への備えである旨が記されていることについては（これは寛喜三年十一月三日「宣旨」第三十二条とほぼ同文である）、当時実際には「諸国で賊徒の蜂起がとくに問題になっていた形跡はない」として、この文章の形式的性格が強調されてきたが、当時の貴族社会にあっては山賊や海賊の脅威は常に継続しているが、清盛の組織する軍事力によってそれが抑えられ潜伏状態にあるとみなされていたことを背景にした表現であると理解すべきであろう。このような「～を追討」すべしという言い方は、のちに頼朝に対して権限を与えた時とも共通するもので（建久二年三月二十二日「宣旨」第十六条には「前右近衛大将源朝臣幷京畿諸国所部官司等」に対して「海陸盗賊幷放火を搦進せしむべき事」とある）、ここではこの間清盛が築いてきた軍事・警察組織の実質を嫡男が継承することを承認しその機能に期待する旨を表明したものであるといえよう。その後、実質的に清盛一族が治安と国家体制維持のための警察・軍事機能の中核を担っていくことになる。

(2) 貴族社会の清盛への信頼

清盛は、二条天皇期に引き続いて仁安三年（一一六八）頃までは、極めて慎重で自制的に振る舞っており、貴族社会における信頼を勝ち得ていたといえよう。実際この時期の貴族社会における彼への信頼はゆるぎないものがあり、のちに行ったような軍事独裁・専制化への懸念はまだ表面化してはいなかった。このような清盛の謙虚で自制的・慎重な対処は、二条天皇親政期における『愚管抄』巻五の評価に「清盛ハ、ヨクヨクツ、シミテ、イミジクハカラヒテ、アナタコナタシケルニコソ」とある態度が、この時期まだ続いていたことを示すであろう。清盛が正三位に叙せられた永暦元年（一一六〇）六月二十日から従一位太政大臣となった仁安二年二月十一日前後の期間は、清盛が朝廷あるいは貴族社会において絶大なる信頼を確保していたといってよいであろう。

ここで、清盛が急激な昇進を遂げることができた背景を考えてみたい。それは、後白河院が、軍事貴族平清盛を政治的提携のパートナーとして選び、それに全幅の信頼を寄せ、平和秩序維持・反対勢力抑圧に利用したことが大きかったからであろう。それは、清盛が保元の乱、平治の乱を通じて、中央における圧倒的な武威の担い手となっていたからに他ならない。この軍事力は他勢力抑圧に発揮されるだけではない。むしろ基本的には、国家秩序を守るものとして、特に地方から荘園年貢・公事等や国衙領からの官物など租税徴収を行うための強制組織の裏付けとなっていた点にあったと考えられる。おそらく平治の乱後の伊勢平氏は、どこまで強固なシステムとなっていたかは別として、基本的に全国からの徴収体制裏付けのための軍事組織を形成した状態になっていたのであろう。しかもその抑制した態度は、貴族社会の人々を安心させるに足るものであった。清盛が異例の出世を遂げえた条件については、従来、白河上皇の胤を継いでいることなどが言及されてきた。そのような出自の特殊性という側面のある可能性を否定するものではないが、このように、彼が後白河院だけでなく、当時の朝廷・貴族社会において、信頼を勝ち得ていたことが決定的要因であった。

この点は、仁安二年従一位太政大臣の地位に上った（すぐ辞退）翌年の、仁安三年（一一六八）二月に清盛が大病になり（そのために出家）、一進一退を繰り返す中で、「危急」との知らせを聞いた時の、九条兼実の日記『玉葉』仁安三年二月九〜十七日の記事にみることができる。

九日、壬寅　晴。東宮（憲仁親王＝高倉天皇）に参る。去んぬる二日より前大相国（清盛）寸白に悩むと、云云。一昨頗る以つて減気し、昨日より又増気すと云々。事の外六借しと、云云。天下の大事歟。上皇来る十六日、御下向あるべしと、云々。

十一日、甲辰。東宮に参る。前大相国、申時許りに出家すと、云々。悩むところ重き故歟、今夜、八条女院新所に渡らるべしと、云々。而して、大相国の危急に依り延引し了ぬ。六条東洞院と、云々。猶々前大相国所労、天下大事、只此の事に在る也。此の人夭亡の後、いよいよ以つて衰弊たらん歟。

十五日、戊申　晴。東宮に参る。今日、上皇、御下向す。本、明日の由を聞く。而して俄に御下向あり。相国の危急に依る歟。即ち、密に六波羅第に幸すと、云々。

十六日、己酉亥刻許りに、ある人告げ送りて云はく。来る十九日譲位の事あるべし。閑院においてその事あるべしと、云々。

十七日、庚戌　晴。未刻許りに東宮に参る。女房に相会う。譲位の事等を談ず。昨日俄に出来の事と、云々。上皇（後白河）思しめす事あり（御出家の事歟）。且つは、之に因り急がせしめ給ふと。又前大相国入道の所悩、已に危急。増さざると雖も、日比、更に減気あるにあらず。且つは、彼の人夭亡の後、天下乱るべし。此くの如き等の事に依り、頗る急ぎ思しめす事歟と、云々。

十九日、壬子　晴。今日、御譲位有り（摂政閑院第を借り召し、用ひられる所也）。（以下略）

兼実は、清盛が危篤に陥ったことを、「天下の大事」と称し、もし彼が「夭亡」したならば（世の中が）「いよいよ以て衰弊」してしまうとか、清盛の死後には「天下乱るべし」とまで述べているのである。このことは、清盛の組織している武力が朝廷関係者にとり平和秩序維持に欠かすことのできないものと受け止められていたことを示すものである。そしてこのことは、二つのことを教えてくれる。一つは、この時期の人々においては、強力な武力組織によって守られなければ朝廷と社会の平和秩序が維持されなくなってしまうと強く確信されていたこと。もう一つは、清盛自身が貴族社会のそのような要請に応えうる人物として、深い信頼を得ていたこと、である。それは、この時期の朝廷が、社会秩序を護るために有力な軍事貴族を必要としていたからに他ならない。そのような朝廷と貴族社会の要請があって、清盛に絶大なる信頼がよせられていたのである。清盛の異例の出世は、気候悪化を背景として社会的政治的矛盾・対立が激化してきた時代が、彼の存在を必要としていたからでもあったといえるのである。なお、この清盛が危急状態に陥った事態は、六条天皇から憲仁親王（高倉天皇）に譲位させるきっかけとなっている。そのために、自分への信頼を利用して打った大芝居であった可能性もあるのではないかとも思われる。高倉天皇即位後は病気から回復しているのである。後白河上皇が、公表していた日より一日早く十五日に六波羅第に清盛を見舞い、その次の日（仁安三年二月十六日）に突如譲位のことが決定されていることは、この譲位が清盛と上皇との密談によって決められた可能性が高いことを示唆している。

二　一一七〇年代の悪化期——後白河・清盛協調体制の破綻へ

以上のように、一一六〇年代は、清盛が、前半期は二条天皇親政を支え、後半期は後白河院と協調して院政を支えることによって、中央政界の亀裂は防がれ、朝廷による統治はどうにか維持されていた。しかし一一七〇年代になると、状況は違ってくる。清盛一族が朝廷社会における高位高官の地位を独占し一族の栄達振りが顕著となり、「奢り」がみえてきたことに対して、人々が反発するという様相がみえてくる。これに対して、平氏側からは禿童による情報収集など抑圧姿勢が顕われてくるのである。特に中央政界において、平氏への警戒心・敵対心が強まってくるのは、嘉応二年（一一七〇）十月、平氏が、摂政藤原基房の舎人が平重盛の子資盛の無礼を責めてその車を壊すなどしたことへの報復として、基房の車を襲わせた事件以後からであろう。このような中で、清盛と後白河との協調体制に亀裂が生じてくる。それが、明確な形で現われてくるのは安元三年（一一七七、八月四日に治承に改元）六月に平氏打倒のクーデター計画が発覚したとされるいわゆる「鹿ヶ谷の陰謀」事件であるが、その背景には荘園問題を基本理由とした寺社勢力の朝廷に対する圧迫、特に比叡山の勢力との確執があり、これが朝廷における後白河派と平氏一門との協調体制を崩す圧力となったのである。また、両者の対立が顕在の度を強めていった背景に、双方を結ぶ要となっていた高倉天皇の母建春門院の死があったことが指摘されてきたが、これは逆に強まった両者対立の圧力が彼女の死を早めたといった方がよいのかもしれない。その後、さらに両者を繋ぐ最後の絆ともいうべき存在であった重盛が死去し（これも同様に対立の高まりがその死を早めさせたとも考えられる）、対立要因だけが積み重なる状況となり、ついにクーデターへと進んでいく。

1　慢性的な飢饉状態

一一六〇年代後半に相対的安定をみていた清盛の武威を支えとした後白河院政による平和秩序は、一一七〇年代になると破綻に向かう。その背景には、七〇年代に入るとまた気候条件が悪化し、飢饉状態が慢性化して社会矛盾が激化してきたという現実があった。そのような社会的矛盾激化を背景として、中央政界では、伊勢平氏の進出に対する反発が次第に高まり、院近臣との対立激化を軸として再び亀裂が生じてくるのである。

従来、治承四年（一一八〇）以来の内乱に関わる飢饉としては、乱勃発直後に生じた養和の飢饉が論議されることはあったが、実はそれ以前の一一七〇年代になってから飢饉状態が続いてきたことが見落とされていた。ここでは、その一一七〇年代の飢饉状態の慢性化が内乱勃発の社会的・政治的前提条件を用意してきたと考えるべきことを主張するのである。この事実については、史料不足によって飢饉の存在が知られてこなかったが、全く手掛かりがないわけではない。断片的記述からそれを見出すことができる。

まず九条兼実の『玉葉』安元元年（一一七五）六月七日条の、「雨甚し。此の七八許りの日、霖雨す。年穀多く流損し、民煙はなはだしく歎悲す。去年旱魃の災、今年洪水の愁、連年の飢饉、乱の代、然るべし」との記事が注目される。ここでは、この年の霖雨による洪水で年穀が流失してしまい、民煙（民の生活）が立ち行かなくなったことを心配しているのであるが、それに関連して、これ以前から連年飢饉が生じてきたことを述べているのである。注目されるのは、この「連年の飢饉」という事実に関して「乱の代、然るべし」と評価しているように、兼実は、飢饉状態の連続が乱世の背景にあるとする認識を持っていたのである。この「連年の飢饉」に関して、ここでは去年の旱魃と今年の洪水の愁いをあげているだけであるが、飢饉状況はもっと以前に遡ることができる。

安元三年（一一七七）八月四日、治承への改元を命じる「改元詔書」には、天下に大赦するとともに「承安二年以往、調庸の未進、民の身に在り。同じく以ってこれを免除す」とある。高倉天皇が、承安二年（一一七二）以往の租税未進を追及され、窮迫していた民衆の公的負債免除を宣言せざるを得なかった背景に、少なくとも承安二年以来の飢饉状況の持続があったことを示すものであるが、さらにそれ以前に遡れる可能性をも窺わせる。民衆の公的債務の原因に、特定年の凶作だけでなくこの間続いていた過酷な徴税もあった可能性は無視できないが、少なくとも飢饉状態が承安二年にまで遡れることは読み取ることができるであろう。なおこの詔書によって民衆の債務が解消されるわけではない。多くの場合、すでに私的債務に転化していたと考えられ、その場合は解消できるわけではないからである。

この間の慢性的飢饉の要因についての記述としては、『百錬抄』承安二年（一一七二）五月の記事に「近日霖雨洪水。川辺人家多流損」と、霖雨による水害が伝えられているが、その年には後述の「泰平」という私年号の騒動があった。その他、右述のように一一七四年の旱魃と七五年の洪水を知ることができるが、この背景には、明確に記述されていない気候の冷涼化が相対的悪化期をもたらしていた可能性を想定すべきであろう。

またこの飢饉によって、多くの人々が租税を払えず公的債務を負っていたが、それが私的債務に転化したことに注意を払うべきであろう。この時期における飢饉状況がもたらした債務者の実情を伝える事例として、治承四年十一月三日「橘成近質地去状」（『平安遺文』三九三四、東大寺文書四ノ七七）をあげることができる。それによると、橘成近（本名「貞国」とある）は、承安三年（一一七三）二月頃、文学房から出挙米一石五斗を借請けたが、七年後の治承四年秋には負債総額が元利合わせて二十数倍の三五石一斗二升に膨れ上がり「弁済」できなくなったために、「相伝私領」である「山城国相楽郡泉郷内垣並里廿九坪南田壱段次壱段」の水田を手放さざるを得なくなっている（「永渡進」

とあって、本人とともに嫡子・次郎・中子三人の名が記されている)。この文書が東大寺文書として伝来していることからすると、出挙を行っていた文学房とは、東大寺に属するいわゆる悪僧であった可能性が高いであろう。橘成近が債務を負った承安三年二月頃の事情については他に明証を見出せないが、この債務はおそらく租税未進によって発生したものと思われ、それは承安二年の凶作のためか、あるいはそれ以前から続く慢性的飢饉状態を背景としたものであろう。荘園の年貢・公事未済や国衙領の官物未済などの公的債務は、私的債務に転化するのである。債務返済ができず負債額がこのように膨れ上がってしまったのは、それ以後も飢饉状態が克服されず、慢性化したことが背景にあったものと思われるが、これ以上の具体的事実は知りえない。

内大臣まで昇った中山忠親の日記『山槐記』安元元年(一一七五)十二月二十五日条には、飢饉情況を背景として、大和・和泉・飛騨の国司と、和泉と飛騨の雑掌を兼ねている調成安が政府に対応を求めたことに関する記事が記されている。大和国司の申請と和泉・飛騨の国司の申請とは事柄の内容が違っており、分けて理解する必要がある。

大和の国司は、不動倉を開検するための鈎匙を給わらんことを申請しており、このことから大和では飢饉情況となっており、賑給や出挙等を緊急に行おうとしていたことが窺われる。「奏す」とあるので、天皇の許可をえるために取り次いだことになる。不動倉については、通常平安中期以後この制度は崩壊してきたと理解されているので、これをどうみるかが問題となる。大和国については、ある程度の備蓄が成されていたとみるべきか、あるいはこの申請は、飢饉によって徴税が行き詰っていることを中央政府にアピールするためのものとみるか、断定できないが、いずれにしても背景に飢饉情況があり、それに追い詰められてのことであったのだろう。

和泉国司の申請については、「減省《げんしょう》」とあるので租税減免措置に関することがわかり、やはり飢饉を前提とした対処であることが想定できる。それ以上の詳しいことについて詳細は不明であるが、二つに分けてみる必要がある。一つは「前々司藤原有成の任終りて已後久寿元年に至ること、あわせて三十五ヶ年の同公文に注するところ、符無くして立ち用いるの紕謬・失錯」とあることから、以前の和泉国司藤原有成の任が終ってから以後久寿元年まで三五ヵ年間の公文（公文書）の記録を調べた結果、「符」（太政官符か）によることなく（国衙の蓄えを）立ち用いるという過ち（「紕謬」）や「失錯」を繰り返してきたことが判明したとして、それら前司の過ちを指摘していると考えられる。もう一つは、「前々司守藤原有成の任終りて以後、嘉応□年に至るあわせて五十七ヶ年の間の、急年公廨稲［　　　］の事」とか、同国雑掌調成安の申請に「前前司守藤原有成の任終りて以後、嘉応元・二年に至る、あわせて五十七ヶ年の租帳事」などとあることから、かなり前の和泉守であった藤原有成の任が終ってから以後嘉応元年（一一六九）頃までの五七ヵ年間に生じた「急年」（飢饉の年）における「公廨雑稲」の扱いに関連したもので、その間の「租帳」の調査が焦点になっていたことがわかる。「公廨稲」とは、出挙の元本としたり、国衙関係の費用に転用することもある財源であることからして、その間に起きた飢饉などにおける国衙財政の運用に関して、以前の国司たちの不正を問題にしたものではないか。さらに、これに関連して、現任和泉国司が、以前の三人の国司（藤原光成・藤原□綱・惟宗貞光）に対する不与解由状を提出していることは、以前の国司が行ってきた処理について、その任中に解決しないで問題を未解決なまま先送りにしてきたことを咎めるという性質の訴えを起こしているものであるといえよう。国衙財政に関して、以前から解決されないで先送りにされてきた、何らかの問題が生じていたことによるものであろう。なぜこのようなことになったのか、詳細については今後の課題とせざるをえないが、この時期の政府が急に規則を厳しく求めたためである可能性もあるが、その背景に飢饉情況による財政の窮迫を想定すべきであろう。この時期における矛盾の激化が現任国司を追い詰めたことが、以前からの何代にも渡る前任者からしわ寄せを受けた結果であることの責任を示そうとして、彼をしてこのような行動に出さしめることになったものであろう。飢饉情況の強まりが国衙財政を圧迫し、国司における前任者たちと現任者との間の矛盾・対立を強めさせたものと理解することができるであろう。

この飢饉状態は以後も続く。『玉葉』治承二年（一一七八）七月二十九日条に「伝え聞く。去（ママ）月十七日、新制十七ヶ条を下さる」とあり、公家新制発布事実を知ることができるが、現在、内容的に知りうるのは七月十八日付けの山陰道諸国司に対する「雑事拾弐箇条」を命じた新制だけである（『平安遺文』三八五二号）。条数が違うのは、宛先によって内容が取捨されていたからであろう（磯貝　二〇〇八B）。この新制発布の前提となった社会状態はまさに飢饉状況といえる。

第一条「応に式条に任せ、年中諸祭を勤行せしむべき事」は、神事を正しく行うことによって国家秩序を維持していこうとするもので、飢饉状態から体制再建を意図する公家新制において常に最初に掲げられるもので、第二条「応に法の如く、年中諸仏事等を勤修すべき事」も同じ目的で仏事勤修を命じた条項である。

第三条「応に五節の櫛棚・金銀風流ならびに滝口送物の過差を停止すべき事」は、飢饉時に常に見られる過差停止令である。第四条「応に六斎日の殺生を禁制すべき事」は、飢饉時に甚だしくなる狩猟・漁撈行為を禁じたものである。これは、「遊手浮食の輩」が六斎日における殺生禁断の戒を犯していることを問題にしたものだが、六斎日以外にも当然そのような行為が成されていたであろう。そのような「遊手浮食の輩」が巷に満ちていたのもまさに飢饉状況が慢性化していたためで、実効性には限界があったであろう。第六条「応に、諸国済物、壱年の中に壱任の所当を責め催せしむるを停止すべき事」は、「久安の符」「保元の符」にもみられる条項で、国司が一年間の内に一回の任期分に当たる四年分の徴収を行うと比喩されるような苛斂誅求がなされていた事実を述べている。飢饉状態が生み出される際には、気候不順条件だけでなく過酷な徴税という人為的要因も作用してくることを示している。

第七条「応に、同じく、私出挙の利、壱倍を過ぎるを停止すべき事」は出挙の利息が元本の同額以上にならないように命じたもので、飢饉時の典型的経済政策である。利息を高く取られて「悉く資貯を尽」すような状態に追い込まれている人々の存在を記している。

なお、第五条「応に鴨河の堤を営築せしむべき事」は、鴨川の堤防工事が等閑にされている実情に対して、義務を課せられた国々に催行を命じたもので、この事態も飢饉状態が背景となって生じていたと考えられる。

第八条「応に、有封の社司并びに諸寺別当、本社・本寺を修造せしむべき事」は、封戸や荘園を宛がわれている社寺に対して、その費用でなすべき本社や本寺の修造を怠り壊れたままとなっていることを不当として、その修造の実行を命じたものである。飢饉状態が長引いた場合、社・寺の修造も等閑にされがちであって、飢饉状態から回復を試みる場合には必ずこのような寺社対策を講じるのである。

第九〜十二条は飢饉時の治安・秩序維持のための政策といえるもので、後述のようにこの時期の治安の悪化の凄まじさを窺えるものである。特に「応に、諸人の奴婢を勾引し、要人に売買するの輩を搦禁すべき事」を命じた第十二条では諸国に拘引人や人身売買業者がはびこっている社会状態を伝えており、長年の飢饉状態が生み出してきたものといえよう。この新制は、長引く飢饉状況に対して、朝廷が治安と秩序を維持・再建するために講じた措置であったとみなすことができるのである。

治承三年八月三十日の新制も、その内容を直接示す史料は現存していないが、『玉葉』『百錬抄』『庭槐抄』などによって三二ヵ条あったことが知られ、内容については鎌倉時代の新制（建久令Ⅱ）に「治承の（先）符」等として引用されているところから、「口取・近衛官人の禄法の過差を停止すべき事」「五節の櫛棚の金銀の風流、幷に滝口の陣、所々送物の過差を停止すべき事」「諸司三分・諸衛官人已下の所従、尋常時の騎馬を停止すべき事」「在家の家主、寄宿せしむ輩を申せしむべきの事」などの条項の存在を知ることができる。過差停止は飢饉状態から立ち直ろうとする時に常に課題とされる対象であるが、特に、「口取・近衛官人の禄法の過差」や、「諸司三分・諸衛官人已下の所従」の尋常時の騎馬が、問題となっていたことは、都における武官の給与や行動の行き過ぎが問題化していることを示している。また「在家々主」が寄宿させている輩に関して問題とされていることも、治安の悪化を反映したものであろう。

以上のように、治承二年・三年と続いて発布された二つの新制の内容からは、この時期になっても飢饉状況が収まらず、むしろ社会状態が悪化していることが推測されるのである。その原因は、記録にみえる旱魃や洪水等、時々の不順な気象によるものだけでなく、基本的に平均気温低下にともなって農業生産額が減少してくる中で、少しでも従来の税額水準を確保しようとして過酷な徴税が行われてきたことなどによって、社会矛盾がさらに激化してきたからであるとみるべきであろう。

2 社会不安の高まり

(1) 連続する災異改元

嘉応(一一六九~七一)「仁安四四八改元。依代始也」。
承安(一一七一~七五)「嘉応三四廿一改元。依災変厄会等也」。
安元(一一七五~七七)「承安五七廿八改元。依疱瘡幷世上不閑也」。
治承(一一七七~八一)「安元三八四改元。依大極田火災也」。
(以上『百錬抄』による)

この時期の改元は、即位(代始め)改元を除くと、全て、天変地異等をきっかけとして行う災異改元であった。特に一一七〇年代に入ってからの承安・安元・治承の三つが全て災異改元であることは、一一七〇年代の不安な世相を反映した、呪術的対応であったといえるだろう。

(2)　私年号現象と怨霊説

承安改元（一一七一）自体が災異改元であったことは、その直前から飢饉状態が生じていた可能性が高いことを示しているが、承安二年末の『百錬抄』の記事に「近日、諸国改元あるの由を称す。公家、誡め仰せらる（其れ、泰平元年と号すと、云々）」とあることが注目される。これは、諸国において、年号が「泰平」と改元されたと言う流言が流布したため、朝廷が禁止措置をとったことを伝えるものである。いわゆる私年号現象といえるもので、千々和到のいうように年号のもつ呪術性を反映した出来事であったが、重要なのはその意味するところである（千々和　一九八八など）。このような現象が生じたのは、人々の社会不安がさらに昂じていたことを示すものであろう。すなわち、この「泰平」という私年号が人々に流布されることになったのは、社会において現実には不吉なことが次々と惹起し、その不安を取り払わんとする人々の願望をみることができるのである。この時代の人々の意識にあっては、気候不順などにより凶作が相次ぎ、飢饉が起き人々の争いが絶えないのは、諸々の怨霊の跳梁によるものであると解釈され、それを収めることができるように泰平を願う人々の心がなせるものであったろう。

怨霊が意識される場合の状況としては、一般的に多数の怨霊の存在が意識されるものであるが、この時期には特に崇徳上皇や藤原頼長らの怨霊説の流布があった。保元の乱の責任を問われ、讃岐国に流されていた崇徳上皇（当時人々は讃岐院と称していた）が四十六歳で死去したのは長寛二年（一一六四）八月二十六日とされている。その後不幸な出来事が起きると、彼や乱によって死去した藤原頼長、その他恨みを抱いて死んでいった人々の怨霊の祟りであると語られるようになっていた。その八年後の承安二年（一一七二）になって、人々が「泰平」年号を渇望するようになっていたことは、飢饉状況が生じ人々の争いが絶えなくなり、社会不安が昂じていたことが、「讃岐院」の怨霊説と結びついてより社会不安を高めていたからであろう。すなわち、人々は、「泰平」という語の年号を唱えることによって、怨霊の跳梁が抑えられることを期待していたものと思われる。これは人々の呪術的意識のなせるところであったといえよう。

讃岐院が世を呪った言葉について、『保元物語』（下「新院御経沈めの事、付けたり崩御の事」）には、三年かけて血書した五部大乗経を都に送り恩赦を求めたが、容れられなかったことを怒り、「吾深き罪に行れ、愁欝浅からず。速やかに此の功力を以て、彼の科を救はんと思ふ莫太の行業を、併しながら三悪道に抛《なげ》籠《こ》み、其力を以て、日本国の大魔縁となり、皇を取て民となし、民を皇となさん」との呪いの言葉を祈誓し、その旨を、舌を食いきった血で、送り返された五部大乗経の奥に書き付け、「願は、上梵天帝釈、下堅牢地神に至る迄、此誓約に合力し給や」と述べて、海底に入れさせたとある。『源平盛衰記』巻十二「教盛夢忠正・為義の事」には、平教盛の夢にあらわれた、怨霊と化した崇徳上皇の話がのせられている。怨霊となった崇徳上皇の前の輿を平忠正、後の輿を源為義が仕るという形で数百騎が一団となって清盛の宿所に入ろうとしていた、というのである。この夢の話を清盛に報告したところ、清盛が、怨霊は「天下を乱り、臣下を悩ます」ものであると述べたと、伝えている。事実はともかく、このような話が世間に流布していたのであろう。

このような社会不安は、その後も続き安元三年（一一七七、安元三年八月四日に治承改元）六月に表面化した鹿ヶ谷事件で頂点に達したもののようで、それへの処理が一段落した七月二十九日段階になって、朝廷は、「讃岐院」に「崇徳院」の号を奉り、藤原頼長に正一位太政大臣という位階・官職を贈って、怨霊を宥め鎮める形を作り、「天下静まらざる」情況に対応して、社会不安を収めようとしているのである。

なお、崇徳上皇怨霊説がその後に与えた影響として、「讃岐」という言葉が怨霊を指し示す言葉になったことをあげることができる。鎌倉時代初期、建仁三年（一二〇三）の比企能員の乱で死去した彼の娘若狭の局（源頼家の室）について、のちにその怨霊が取りざたされた時、彼女を「讃岐の局」と呼んでいる事実がある（『吾妻鏡』文応元年十月十五日条）。

3　清盛と後白河法皇の協調関係破綻の端緒

(1)　寺社勢力による朝廷への揺さぶり

一一六八年頃までは、清盛と後白河院との協調によって、中央政界内部の矛盾・対立を調整する機能が発揮されているかにみえたが、一一六九年以後になると、前述の慢性的飢饉状態がもたらす社会状況を背景に、朝廷は寺社勢力の圧力をたびたびうけ、その揺さぶりによって協調関係は破綻に向かっていく。その理由は、国司ルートによる強引な徴税強化が寺社の荘園において武力行使に至り、寺社勢力との間に衝突をもたらすという事件がたびたび生じていたことにあった（安田　一九八六ほか）。その背景には新たに飢饉状態が慢性化したことがあり、収穫高総量が減少する中で、国司ルートによる徴税が寺社勢力の荘園への圧力を強めがちになっていたのである。特に清盛と法皇との協調を破綻させる上で目立った影響を与えたのは、比叡山延暦寺関連勢力の動きによる朝廷への圧力であった。その始まりは、嘉応元年（一一六九）の、尾張国において目代「右衛門尉政友」が日吉社の「神民（人）」たちと「不慮の闘乱」を生じさせた事件にあり、法皇による事件処理における不首尾を期に、法皇と平氏との協調関係の中に敵対の芽が生じ、破綻の方向に進み始めるのである。そしてその関係の破綻を決定付けさせるに至ったのは、安元二年（一一七六）から翌年にかけて起きた比叡山（以下、叡山と略す）の末寺である白山の末寺「鵜川」での事件であった。

嘉応元年（一一六九）の騒動の発端は、院の寵臣である権中納言藤原成親の知行国であった尾張国において目代「右衛門尉政友」が、延暦寺領比良野荘の日吉社「神民（人）」たちと現地で「不慮の闘乱」を起こし一人を殺害した事件にあった。飢饉状態はすでに一一六九年頃から始まっていた可能性がある。延暦寺側の訴えに対して、法皇は成親の肩をもったのか、神人らを捕らえさせることで済まそうとした。叡山側は法皇に抗議し、政友の禁獄と成親の流罪を要求したが容れられなかったため、十二月二十三日、衆徒たちは「日吉神輿」を担いで都に下り、内裏にまで押しかけ嗷訴したのである。これに対して、法皇は平重盛に内裏を占拠した衆徒たちの排除を命じたが、平氏は、延暦寺との関係悪化を避けようとしたためか、動こうとせずその命に従わなかったのである。衆徒たちは神輿を放置したままにし、窮地に陥った法皇は、一旦政友の禁獄と成親の備前配流を発表し叡山衆徒らを宥め、神輿とともに彼らを帰した。しかしその直後に、成親の処置を取り消すという拙劣な策を採ったのである。さらに、大衆たちが禁裏に行くことに同意した責任を問うとして、天台座主明雲の御持僧の役を停止させ、叡山側の主張に沿って政友の事件を取り調べた平時忠・平信範をも解官した上で流罪とした。彼はあくまで自分の寵臣成親を護ろうとしたのであるが、この院の処置は問題の解決にはならず、翌年になると延暦寺衆徒らは、平時忠・平信範配流の取消と成親の配流を要求して再び嗷訴の構えをみせてきた。また、清盛は福原から上洛し六波羅に武士たちが集まり始めるという不穏な状況となり、これに臆した法皇はついに成親を解官し、平時忠・平信範の配流を取消すに至るのであった。この事件は、法皇にとって、平氏が自己の意図に沿って動かなかった最初の経験となり、また院近臣の成親にとっては、娘が清盛の嫡男重盛の妻となっているにもかかわらず、平氏が自己の利益を図ってくれるものではないと認識することになったのである。ここに、院や近臣たちと平氏との対立の芽が生れたといえるだろう。

その後七〇年代に入ると、飢饉状態慢性化を背景に頻繁に衝突事件がおきてくる。承安元年（一一七一）九月には、興福寺領坂田荘を知行していた院北面の武士平信遠が寺使に乱行を行ったため、衆徒が信遠の流罪を要求して上洛を企てるという事件が起きている。承安二年十二月には、平重盛の郎等であったと推測されている伊賀国住人が春日社神人と闘争し殺害に及んだため、興福寺大衆らが伊賀国住人の処罰を要求し、春日社の神木を奉じて嗷訴するという事件がおきている。承安三年六月には、興福寺と延暦寺との対立に起因して、多武峰が興福寺僧徒に焼き討ちされるという事件があり、七月から八月にかけて延暦寺と興福寺の両勢力が武力衝突に及ぼうとする事態に至った。これに対して、後白河法皇が延暦寺に院宣を下して慰諭するとともに、南都一五ヵ寺の荘園・末寺をことごとく没官する旨を言い渡したが、かえって興福寺側は反発を強め、朝廷の裁可が「偏頗」であると関白基房に訴えた。十一月になると、南都の七大寺の荘園の還付を要求して、また神木を奉じて上洛しようとし宇治にまで到っている。これに対して、後白河院は興福寺権別当覚珍に、衆徒たちを諭させ、鎮静化を図っている（以上、安田　一九八六に負うところが大きい）。

特に清盛と法皇との亀裂を決定化させたのは安元二年（一一七六）から翌年にかけて生じた白山末寺「鵜川」の事件で、これを導火線として、清盛と後白河との協調関係は破綻し、敵対関係に向かっていくのである。事件の発端は、加賀守藤原師高とその弟で加賀国の目代となっていた師経とが、白山の末寺鵜川の僧たちと争い、その堂舎を焼き払ったことにある。国衙の目代らと、現地の寺社とが寺領荘園の所務をめぐって対立抗争を起こすことは、この時代に一般的にみられるところであるが、この場合は、白山が延暦寺の末寺であり、師高・師経兄弟の父が院の寵臣西光（藤原師光）であったために、法皇が依怙贔屓して問題が複雑化し、なかなか解決に至らなかった。

この白山の末寺涌泉寺の堂舎が焼き払われた事件は『平家物語』では「鵜川軍《いくさ》」として語られているが、きっかけは、国務として荘園の転倒（ここでは「没倒」と表現）を行ったことにあった。流布本には次のようにある（岩波古典文学大系による）。

彼西光が子に師高と云う者あり。是もきり者にて、検非違使五位尉に経あが［ッ］て、安元元年十二月二十九日、追儺の除目に加賀守になされける。国務をおこなふ間、非法非例を張行し、神社仏寺、権門勢家の庄領を没倒し、散々の事どもにてぞありける。仮せうこうがあとをへだつと云とも、穏便の政おこなふべかりしが、心のまゝにふるまひしほどに、同二年夏の比、国司師高が弟、近藤判官師経、加賀の目代に補せらる。目代下着の始、国衙のへんに鵜河と云山寺あり。寺僧どもが境節湯をわかひてあびけるを、乱入しておいあげ、わが身あび、雑人どもをおろし、馬あらはせな［ン］どしけり。寺僧いかりをなして、「昔より、此所は国方の者入部する事なし。すみやかに先例にまかせて、入部の押妨をとゞめよ」とぞ申ける。「先々の目代は不覚でこそいやしまれたれ。当目代は其儀あるまじ。只法に任よ」と云ほどこそありけれ、寺僧どもは国がたの者を追出せむとす、国がたの者どもは次をも［ッ］て乱入せむとす、うちあひはりあひしけるほどに、目代師経が秘蔵しける馬の足をうちおりける。其後は互に弓箭兵仗を帯して、射あひきりあひ数刻たゝかふ。目代かなはじとや思けん、夜に入て引退く。其後当国の在庁ども催しあつめ、其勢一千余騎、鵜河におしよせて、坊舎一宇ものこさず焼はらふ。鵜河と云は白山《しらやま》の末寺なり。（以下略）

この事件は国司ルートによる強引な徴税攻勢に関連して引き起こされたものである。すなわち加賀守藤原師高の目代で弟の師経が現地に赴いた時、延暦寺の末寺の白山の末寺であった「鵜河という山寺」（流布本『平家物語』、延慶本では「宇河」、長門本では「うんせん寺（温泉寺）」、日本古典文学大系の注では「涌泉寺」とされる）で乱暴を働いたことから、その寺僧等との間に紛争を起こし、在庁官人らも動員して武力衝突に至り、「其勢一千余騎、鵜河におしよせて、坊舎一宇ものこさず焼はらふ」（流布本『平家物語』による、『百錬抄』では単に「白山を焼払ふ」とある）に至ったことに端を発している。これに対し白山側は、「白山三社八院の大衆悉く起りあひ、都合其勢二千余人」が目代師経の館に押し寄せたが、夜の内に目代は都に逃げ帰った、という事件であった。問題化したのは、この事件の処理をめぐってのやりとりであった。

白山からの訴えを受けた本寺延暦寺は、国司師高の流罪、目代師経の禁獄を要求したのに対し、後白河法皇が目代師経だけを流罪としただけだったため、応ぜずとみた叡山の「大衆等三千」は、安元三年四月十三日、日吉・白山の神輿を奉り都に押し寄せ、院・政府に師高の配流、目代師経の禁獄を要求した。この時、法皇の命により警固に当たった平重盛の兵が神人を射殺し、衆徒の多くに疵を蒙らせ、神輿に矢を当てる等のことをしてしまったので、この兵への責任追及の声も高まり、さらに延暦寺側の要求に加えられるに至った。また、このことから、貴族の内からもやり過ぎであるとの非難の声も高まり、院はついに、二十日師高の官を剝奪し尾張に配流、師経を禁獄にせざるをえないところに追い込まれた。また、神輿を射た重盛の兵六人は獄定とされ、平氏に割り切れない思いを強めさせることになった。

ことはこれで落着しなかった。師高の父西光をはじめ院近臣たちは反撃に出て、天台座主明雲に責任があるとして、彼の処罰を後白河院に訴えた。院は、五月に明雲の職を剝奪した上、所領三九ヵ所を没収し、伊豆国配流と決定したのである。しかし、これに反発した叡山の大衆たちは、五月二十三日伊豆に送られる途次の明雲を近江国大津の粟津辺りで奪い返し、叡山に連れ戻すという挙に出た。この直後、緊張の度はさらに高まる。法皇は、明雲の召し出し、延暦寺の末寺や荘園の没収を命じるとともに、叡山攻撃を平清盛の弟経盛に命じたのである。しかし、経盛は出兵を拒んだ。平氏は叡山との衝突を避けようとしていたのである。これに対して法皇は、五月二十八日清盛を呼び出し、さらに叡山攻撃を迫ったため、清盛はひとまずその命令を受け入れたかにみえた。その叡山攻撃が行われる可能性があると思われていた二日後の六月一日、緊張感が漲る中、いわゆる「鹿ヶ谷の陰謀」が発覚し、平氏によって関係者の逮捕・処罰が強行されていったのである。

(2) 鹿ヶ谷事件の意味

事件は、後白河法皇近臣の藤原成親・師光(西光)・成経・僧俊寛らが、京都東山の鹿ヶ谷にある俊寛の別荘に集まり(『平家物語』による、『愚管抄』では信西の子の静賢法印の別荘とする、あるいは俊寛の別荘が処罰後に静賢に与えられたものと理解すべきかもしれない)、検非違使判官平康頼・多田蔵人行綱らの武士を加え、清盛一族討滅計画を謀議したが、多田蔵人行綱の清盛方への密告によって知られるところとなり、六月一日早暁に西光法師を「召取」るのを皮切りに、藤原成親ら関係者の捕縛に及び、同日以後世間を震撼させることになったのである。首謀者の一人西光については面縛し拷問を加え白状させ、その日の夜半には斬首した上で梟首し、成親も面縛した上で備前国配流と決定し、配所への途次で殺害している。成親の子丹波少将成経、検非違使の判官平康頼、法勝寺執行俊寛らは薩摩国鬼界ヶ島に流されている。

問題はこの事件の真相についてである。上述のように、これは清盛方が意に沿わない叡山攻撃を強いられ、まさにそれがなされるか否かの瀬戸際にあった時のことであり、この陰謀発覚とそれへの対処によって、その危機を脱する結果になったことから、謀議の存在を認める通説を疑い、むしろ清盛方が窮地を脱するために打った謀略と解釈する説もある。確かに「鹿ヶ谷の謀議」〝発覚〟事件はこの間の白山事件以来の一連の流れにおいて理解する必要性があるが、白山事件からの経緯は必ずしも謀議の存在を否定する材料にはならないだろう。むしろこの間、後白河院と成親・西光らの平氏打倒の意思が一貫しているとみることもできる。本書の立場からは、この一連の事件について次の点を確認するに止めておく。

第一は、この事件そのものの発端が加賀守藤原師高の目代（弟）師経による、延暦寺末寺の白山の末寺に対する武力発動にあったという点で、国司ルートによる強引な徴税が現地荘園側との間で武力衝突をもたらしていたという保元の乱以前からみられる一般的パターンを確認できるという事実である。このような事態は飢饉状態が生じるたびに起きやすいものとなっていたが、この場合、一一七〇年代に入って飢饉状態が慢性化する中で、国司ルートによる徴税がいきづまり、院とのコネクションを有する師高兄弟が強引な徴税に走り勝ちになっていたことを示しているといえよう。

第二はこの事件の特殊性についてである。この事件はまず叡山・白山・末寺側対加賀国司勢力との対立を激化させたものである点では当時の一般的状況を示すものと位置付けることができるが、この場合、加賀守藤原師高とその弟の父が院近臣の筆頭格の西光法師であった点に特殊性を見出すことができる。このことから、院・院近臣勢力対叡山・白山・末寺側との対立となり、解決を複雑化させてしまったからである（特殊条件の第一）。もう一つの特殊性は、この事件以前からの背景として、院近臣の藤原成親・師光（西光）兄弟一族対清盛一族との対立があって、それがこの事件の処理をめぐって影響を与えていたという点である（特殊条件の第二）。その前提として前述の嘉応元年（一一六九）の騒動で平氏軍が成親のために行動しなかったという経過があったが、決定的なのは、この年になって、藤原成親が左近衛大将を望んだが実現せず、三月に清盛の息子重盛・宗盛兄弟が左右の近衛大将となったことにあり、この出来事が、藤原成親らが平氏を恨む大きな理由となっていたと考えられるのである。これは、一一七〇年代に入りまた飢饉状態慢性化が進行し、社会矛盾が激化し国司と荘園側との対立が強まってきたことを背景にして、異例の出世を遂げてきた平氏に対する院近臣たちの反発が強まり、それが中央政界の亀裂をもたらしていたことを示している。

第三は、後白河法皇が、清盛らに、寺社勢力筆頭格の比叡山延暦寺の攻撃を命じたのに対し、清盛方がそれを拒んでいた点である。これは、清盛自身が天台座主明雲を師と仰ぎ叡山で出家を遂げていたこともあって、この間叡山との友好関係が育ちつつあったことが背景となっている。清盛としては、できるだけ叡山を敵に廻さず、友好関係を維持しておきたいという思いが強く、自らが叡山に対する武力発動を行うことはどうしても避けたかったのであろう。このことは、軍事・警察機能を担うことで、朝廷、特に後白河院政から存在意義を認められていた清盛一族が、後白河法皇の意思に背く存在となってきたことを意味する。これは、前述の嘉応元年尾張国の衝突に関わる叡山の嗷訴に際して重盛が院の命令を実行できなかった件に続くものであって、後白河法皇が自らの意に従わなくなったとして、平氏打倒を企てる理由にもなりうるのである。

第四は、実際に後白河法皇自身がこの「鹿ヶ谷の謀議」に加わっていた可能性が高いことである。その点については、『玉葉』安元三年（一一七七）六月二日条に、拷問された西光が「入道相国を危うくするの由、法皇及び近臣等、謀議せしむるの由を承伏」したとの情報が流れていた旨が記されていることや、『愚管抄』巻五によると、後白河院自身も鹿ヶ谷の山荘に「御幸」しており、その「御幸ノ次ニ、成親、西光、俊寛ナドアツマリテ、ヤウヤウノ議ヲシケルト云事ノ聞ヘケル」とあって、その可能性が高いのである。この事実は、清盛方による追求が院近臣全体やさらに法皇に対して及ぶ可能性があったことを示しており、その後の政局の展開によっては、政変へと至ってしまう可能性もありえたのである。この点に関しての、その後の政局の展開をみよう。

ここにおける当事者としては、清盛方、院・近臣、叡山、の三勢力が登場するが、まず叡山側の動きが注目される。叡山側はこの清盛のとった動きを歓迎している。実際、清盛の行動に対して、叡山の大衆たちは喜悦して清盛側に院勢力攻撃のための共同戦線構築まで持ちかけていた可能性が高いのである。九条兼実の日記『玉葉』安元三年（一一七七）六月三日の記事には、「大衆一昨夕、垂松辺に下り、使者をもつて入道の許に示し送りて云はく、敵を伐らせしめ給ふの条、喜悦少なからず。若し〔凡そ〕罷り入るべきの事あらば、仰せを承り一方を支えるべし、と云々」とある。すなわち叡山の大衆たちは清盛が院近臣たちへの攻撃を行うのなら、一方の口を受け持っても良いとの意思を伝えている、との情報が九条兼実にも伝わっていたのである。このような情勢の展開に、院近臣側が慌てふためいたことについては、同条の続きに次のように書き付けている。「院中近習の人々、皆悉く妻子資財等を逃散せしめ、只一身許り慭《なま》じいに伺候すと、云々。事変ありて政《まつりごと》改まんとす。誠にただ片時の間也。悲しきかな、悲しきかな」と。後白河法皇の近習たちは、皆、妻子や資財等を避難させた上で、自分一身だけでしぶしぶ院に伺候するという状態になっていたというのである。兼実は、この事態に、後白河院政が今や終わらんとしているとの思いを強くし、嘆いていたのである。

このように、一旦は、清盛勢と叡山大衆たちが呼応して院近臣勢力を攻撃することが危ぶまれるような状況となったが、清盛方はそのような行動に出ず、これ以上ことをエスカレートさせるのを抑えたのである。清盛は、私的処罰対象を上述の院近臣の一部の直接的関係者に限定して、それ以上の追及を止めたのであった。その理由は何であったのだろうか。この点については、嫡男重盛のとりなしがあったことが知られているが、それだけではないだろう。もしそのような行動に出て、その他の院近臣や院自体に罪を及ぼした場合、その後の朝廷のあり方をどうするのかという問題にまで対処せねばならなくなってくるであろう。この段階の清盛は、まだそのような新たな政権構想を持つことができなかったとみるべきではないか。また、これは、法皇との間で表面化した初めての危機であって、重盛の取成しもあり、今後の努力によっては法皇との関係修復もありえると判断し、それに望みを託したこともあるのかもしれない（もちろん第二の危機に対処する用意も図っていくだろう）。もしも、社会状況が好転して、政治的対立も緩和の方向に向かったのであるならば、その可能性もあっただろう。実際、その直後の七月二十九日、朝廷は、故讃岐院に崇徳院の諡号を奉り、故藤原頼長に正一位太政大臣を追贈したのは、この時期取りざたされていた怨霊の慰撫を行うことにより、社会不安を抑制しようとする配慮からのものであったといえるだろう。八月四日の安元から治承への改元もその努力の一つであった。

こうして、後白河・清盛の協調が破綻しかかった最初の危機は何とか回避されることとなったが、その年も強盗が京中に横行することが止まなかったように（『玉葉』）、社会不安は増大しており、両者間に生じた対立の根も修復されず、その後、政治的亀裂はむしろ深まり、破綻への方向性は強まっていくのである。

以上の前提を踏まえて謀議の有無の問題にもどると、西光や藤原成親ら院近臣たちの狙いが、平氏に叡山攻撃を行わせることで、叡山との敵対状態に陥らせ、その軍事力を弱めさせて、隙をついて攻撃しようとするものであった可能性は大いにありえたと考えられる。かえって謀議存在説が成立する可能性は大きくなるのである。それにしても、院近臣の貴族が、軍事・警察機能を担う軍事貴族の私的刑罰の対象とされ、斬刑や流刑にされたことは、前代未聞の出来事であったといえよう。

三　治承三年十一月クーデターへの道

1　治安の悪化——清盛と後白河法皇の対立の深まり

「鹿ヶ谷の謀議」事件は後白河法皇と清盛との対立を一旦は顕然化させたが、清盛はその直接の関係者の処分に止め、背後の後白河法皇に手を出すまでには至らなかった。しかし事態は第二の決定的危機に向かって進んでいく。

治承への改元は、その二ヵ月後の安元三年（一一七七）八月四日のことで、『百錬抄』には「治承、四年、安元三八四改元。依二大極殿火災一也」と、大極殿の火災があげられているのみであるが、実際は数々の不吉な出来事が連続していたことによる典型的災異改元であった。鹿ヶ谷事件の約一ヵ月前の藤原経房の日記『吉記』安元三年四月三十日条は都における強盗による放火事件を伝え、それに関連して「仏神、天道、已に此の国を棄つる歟。朝廷に在るもの、誰か嘆息せざる哉、近日の次第、已に魔滅と謂ふべき歟」とか、「我朝、已に獲麟の時也。神、迷惑しおわんぬ」などの、感想が記されている。ここからは、治安の悪化を回復できない現状に対する絶望感が強まっていたことが知られる。

治承二年九月には、延暦寺内の勢力同士の、学匠（学徒）と堂衆とが闘争する事件が起きている。叡山勢力の内部分裂で、政府としてこの解決ができずに泥沼化させてしまったことがクーデターの背景となっていくのである。清盛は法皇から堂衆軍鎮圧命令を受けて、十月四日には湯浅宗重を大将とする畿内近国の武士三千余騎を派遣した。彼ら官兵は、学匠らとともに、早尾坂に城郭を構えて楯籠る堂衆たちへの攻撃を行っている。堂衆軍は、「国中の悪党」

「古盗人、古強盗、山賊、海賊共」らに「米穀絹布の類」を施し与えるなどして、動員していたという（『源平盛衰記』巻第九「堂衆軍の事」）。「古盗人」とは窃盗の前科のある者、「古強盗」とは強盗の前科のある者という意味であろう。この合戦では石弓に打たれるなどして官兵から多数の犠牲者が出ている。物品を施されることによって、官兵と戦うことを厭わない溢者が簡単に集まるというような無政府状態は、飢饉状況慢性化が背景となって生み出されていたのであろう。このような現状は、清盛に、後白河法皇の命令によって官兵の役割を負わされることへのやりきれなさを感じさせるものがあったのかもしれない。

実際、治承二年から三年にかけての社会情勢は、極端に悪化した治安状態を呈している。前述の治承二年（一一七八）七月十八日付けで山陰道諸国司に対する「雑事拾弐箇条」を命じた新制の第九〜十二条は、飢饉状態における治安・秩序維持を図る政策といえるが、そこから具体的状況を知ることができる。

第九条は「まさに慥に陸海盗賊放火の輩を搦進すべき事」を命じたものだが、「近年盗賊の類、党を結び、群れをなし、都鄙に充満し、人民を殺害し、家宅に放火す。なかんずく近日は犯す所連夜にして絶えず」という実情が示されている。窮迫した者たちの一部は盗賊となり、それが組織化され凶悪化して、殺人・放火を厭わない者たちが都鄙に充満していると認識される事態になっていたのである。

第十条は「まさに、諸社神人・諸寺悪僧、国中を往反して濫行致すを、同じく搦進すべき事」を命じたものだが、「近年諸社神人・諸寺悪僧、或いは京中を横行して訴訟を決断し、或いは諸国に発向して、田地を侵奪す。なかんずく延暦・興福両寺の悪僧、熊野山先達、日吉社神人らことごとくもつて蜂起す」という状況を伝えている。諸社神人や諸寺の悪僧は、神威や仏威を背景に、債務不履行問題に介入し強引な強制執行を行い、田地その他を奪うなどの行為に及んでいたのである。延暦・興福両寺の悪僧、熊野山先達、日吉社神人らの名前があげられているのは、彼らが特に極端に目立った動きをみせていたからであろう。これは、本来の立場における収入が減少していたのを補うために、そのような動きに走ることになったものであろう。

第十一条は「まさに、諸国人民、私領を以て神人・悪僧等に寄与するを停止すべき事」を命じたものだが、「諸国人民、公田を以て私領と称し、神人・悪僧等に寄与すると云云。国の滅亡、これより大なるはなし」という実情をあげている。神人・悪僧らは都で「訴訟を決断」し、地方に下向して諸国人民から「私領と称」させて「公田」を寄与（寄進）させていたという。

これら第十・十一条の背景には債務問題の存在を読み取ることができる。このことは債務不履行問題が社会をがんじがらめにしていたという状況が前提となっている。彼らが私出挙などを行い、神仏の権威を笠に着て強引な取り立てを行うことを取締りの対象にあげるのは、保元の乱以前から一般的にみられることであったが、このとき問題化していたのは、それだけではなかった。彼らは都で「訴訟を決断」し、地方に下向して田地を侵奪していたというのである。これは、中央において年貢や地子を徴収する立場にある荘園領主たちが、それを徴収できない状況にあったため、彼らがその債権を請け負い、現地で私的強制執行に及び、人民から「私領」という形をとって、内実は公田を差し押さえるということを行っていたものと思われる。新制では、このような行為を、「国の滅亡、これより大なるはなし」と評したのである。

第十二条は「まさに諸人奴婢を勾引し要人に売買するの輩を搦禁すべき事」を命じたものだが、「諸人の奴婢を勾引し、要人に売買するの輩、京畿に充満すと云云」という実態をあげている。ここでは勾引対象とされた者として「諸人の奴婢」だけをあげているが、当然一般自由民の子女らも隙あれば拘引対象とされる事態になっていたであろう。人間が物件化され、差し押さえを名目として強奪の対象とされており、それを扱う業者が充満する状態となっていたのである。以上のように治安が悪化する事態となったのは、飢饉状態が慢性化した中で公的にそれを救う手だてがないまま、悪化の度を強めていたためであった。

このような中、治承三年になると清盛と院との対立が再び顕然化してくる。そのきっかけとして荘園・知行国領有問題が存在していたことが知られている。一つは、摂関家の藤原基実に嫁いだ清盛の娘盛子が、仁安元年（一一六六）七月二十六日の夫の死去以来相続してきた摂関家領をめぐるものであった。治承三年六月十八日白川殿盛子が死去すると、後白河法皇は盛子が伝領していた摂関家領を没収し、その倉預に大舎人頭平兼盛を任命した。また七月二十九日に清盛の嫡男重盛が没すると、その子維盛が相続しようとした知行国の越前国を没収した。さらに十月九日、わずか八歳の中将藤原師家（関白基房の子）を、盛子の義理の子で清盛にとって義理の孫にあたる二位の中将基通をとびこして中納言に任じた。これは清盛を無視した人事であった（竹内　一九六五）。

通説では、このような院の仕打ちに対して、清盛の敵対心が昂じて、十一月十四日、ついにクーデターを敢行するに至っていくと理解されてきたが、問題はそれだけではなかった。最近注目されている宋銭流通可否問題も両者の対立に絡んでいた可能性がある。

2 「銭の病」と宋銭流通問題

『百錬抄』治承三年六月の記事の後に、「近日、天下の上下病悩す。これを銭の病と号す」とある。この記事から、この時期宋銭の流通が人々に影響を与えてきていることが知られてきた。問題はその内容と意味するところである。これについて、かつては、一般的な貨幣経済の進展の程度を基準にしてこの現象を意義付けようとする論議がされてきたが、そのような次元の論議では解明しきれないことは、井原今朝男が「宋銭流入によって日本社会が交換経済から貨幣経済に転換したというような単純な問題ではない」とされた通りであろう（井原　二〇〇一）。しかし、現段階ではそれ以上の認識に至っているわけではなく、その意味するところについては未解明なままである。この背景に清盛の関わった日宋貿易における宋銭の一定の輸入があったことは予想されることであるが、問題は国内の経済状態のあり方・性格をどうみるかにある。清盛による日宋貿易と国内経済との関係について、国内需要の高まりが外からの導入を必要としたとみるか、宋銭流入が国内経済を刺激したとみるか、の論点の対立がみられてきたが、問題なのは、従来共通して、これを生産力の発展を背景に展開してくる商品経済の発展に関わる銭貨の需要問題として論議されてきたことにある。

本書では、すでに、治承三年十一月清盛によるクーデター敢行直前の社会・政治情勢として、飢饉状況が慢性化し租税未進による債務問題が解決されずに社会問題化していたことを指摘してきたが、このことと「銭の病」問題とが密接な関係にあることを指摘しなければならない。すなわち、それは、飢饉状況の連続という事態に起因した租税の重圧を背景として、公的債務とそこから派生した私的債務が社会問題化していたことに関わる社会現象として理解されるのである。筆者は、かつて鎌倉期以後の農業生産力と社会状況を検討する中で、凶作・飢饉状況が連続し稲作生産額が激減して米不足が生じた場合、租税徴収が行き詰まり公的債務・私的債務が拡大するという事態となってくるのにともなって、米不足を補うために直接労働力の徴収を強制する傾向が強まったり、畠作物での徴収が広がったりしてくることなどを明らかにしてきたが、代銭納もまた広がってくるのである。米の供給量が不足して、実物貨幣・現物貨幣としての米による徴収・債務決済が困難におちいった場合、直接労働や米以外の物資＝商品貨幣によって徴税を行うことが多くなり、さらに直接労働や諸物資の価値を共通価値基準に還元する手段として銭貨の果たす役割も期待されてくるのである。米以外の物資が支払い・決済の手段として社会的に広まってくるのは、以前から特に飢饉などの時にみられるものであったが、この時期にあっては、日宋貿易によって渡来銭貨がその支払い手段としての役割を果たしうるものとして登場してきたといえるであろう。従来想定されてきた生産力の発展を背景に商品経済・貨幣経済が進展してきたというような要因とは反対の、むしろ飢饉状況慢性化＝稲作生産性後退に起因する問題として位置付けなければならないのである。

したがってこの時の「銭の病」とは、支払い・決済手段における商品貨幣としての米不足を補う手段として銭貨の需要が高まって、人々の間でその獲得衝動が強まっていたが、国内に用意されていた銭貨の量が必要量に対して少なく流通量には限界があったため、その獲得をめぐって人々が悩まされる状況が生じていたことを言い表したものと考えられるのである。ただ、これが、人々の側からの要請として自然発生的に生じていた現象であったかどうかは問題である。むしろ上から強制されて生じていた可能性も考えられるであろう。それは日宋貿易における優越的地位を築いてきた平氏が銭貨輸入を独占しており、さらに銭貨による支払い・債務決済を促進させようとしていた可能性が想定されるからである。政府内で宋銭の流通を認めるか否かで対立が起きていたのは、そのことに関わってくる。

治承二〜三年にかけて、政府内ではこの宋銭流通を公認するか否かが問題化していた。特に治承三年の七〜八月、平氏は高倉天皇・蔵人頭通親らを通じて宋銭流通容認策を提案していたが、九条兼実・検非違使中原基広・中原重成らが反対し、政府内において「高倉天皇・清盛方と後白河院・関白基房方とが激しく対立」していたことが明らかにされている（村井　一九九九、井原　二〇〇一）。このように、この時期に政府内で宋銭流通を容認するか否かの激しい対立が生じていたのに対して、「宋銭流通停止令がこの時期に実施されたという痕跡がまったくない」ことが指摘されている。これについては、「右大臣兼実や検非違使庁など守旧派貴族の反対により宋銭流通容認令が発布される可能性はなかった」が「反面平氏が政権を掌握していたから、宋銭流通停止令も出されず、事実上宋銭流通を容認する結果になった」との推測がなされている。

平氏が宋銭流通を強く主張していたのは、社会的現実に接して、決済手段としての銭貨の有用性をよく認識していたからという側面もあると思われるが、日宋貿易を押えていた平氏にとって独占的地位を発揮し経済界支配の手段となしうるという意味が決定的であったろう。飢饉状況が長引き、支払いや決済の手段としての米の流通量不足状態にあった当時の社会においては、米以外の支払い決算手段の確保が必要となっており、特に銭貨はその有用な手段となりえるものだったからである。日宋貿易の主導権を掌握していた平氏にとって、もし宋銭流通が公認されるならば、銭貨輸入の窓口を押さえていることで、経済界を支配できるというメリットが大きかったであろう。さらに、宋銭輸入を独占できる立場にあった平氏が、米の流通量激減という事態の中で銭貨による決済を強制するという側面があったとしたならば、人々はますます支払い手段としての銭の獲得に走らねばならないことになり、人々を悩ませる原因となってしまう。治承二・三年頃にはそれが現実化しており、この治承三年六月には、それが極端な形で現われて「銭の病」が人々を苦しめることになっていたと考えられるのである。

宋銭流通容認策に対して朝廷内に兼実らの強力な反対論が存在したのは、旧来の建前に固執して外国銭を拒んだという側面もあったとは思われるが、現実的には、宋銭による支払いを強制された人々が銭貨獲得をめぐって困難な状況におちいっている現状を憂い、それを防ぐとともに、平氏による経済界支配を阻止しようと意図してのことであったのではないか。この反対論の背後には、後白河法皇が存在していたのである。この宋銭流通を後白河法皇や朝廷の主流が拒んでいたことも、院と清盛との対立激化の一因となっていた可能性があるだろう。この流通については、平氏滅亡後の文治三年（一一八七）または建久四年（一一九三）七月四日に改めて再禁止令が出ていることが知られているることから、この間実際上は流通が野放しになっていたと考えられており、平氏の経済的優位を保障する手段となっていたと考えていいだろう。これは、その後治承三年十一月、平氏がクーデターを起こし、一旦は事実上の軍事独裁政権を樹立したからであると考えられるからである。しかし翌年八月頼朝挙兵以後は、東国など反乱地域には通用することではなく、その面での平氏の経済的優位は時期的にも地域的にも限定されたものであったと思われる。

なお、平氏軍事独裁政権期に放置されていたと考えられる宋銭流通を、平氏滅亡後に簡単に禁止することができたということからは、この間の流通が国内の商品経済の発展に根付いて定着した貨幣経済というようなものではないことは明らかであろう。また、ここで問題となっているのも、特に十二月宣旨の事書きに「まさに銭貨出挙、米をもって利を弁償すべき事」とあるように、出挙＝債務問題が要因となっていることがわかるのである。なお、この時米による支払いを命じることが可能になったのは、前後の時期に比してこの一一九二、三年頃は米の収穫が好転していた（豊作）ことが背景になっていた可能性がある。屋久杉の年輪も前後の時期が悪化している中で九〇年代初め頃一時的に好転を示している。

藤原基実の未亡人であった清盛の娘の盛子が治承三年六月十八日死去した時、後白河院が、彼女が伝領してきた摂関家領を没収したことと、七月二十九日平重盛死去後息子の維盛が相続した越前の知行国を没収したこととは、院側からの攻勢とみることができるが、平氏側からも宋銭輸入を通じての経済界支配の目論見があったことになる。後白河法皇や上層貴族の多くがそれを阻止するため、宋銭流通禁止策を主張していたことは、両者がこの間経済政策面においても、対立を急速に強めてきたことを示している。

3　治承三年の社会状況と十一月クーデター——平氏軍事独裁政権の成立

(1)　十一月クーデターに至る社会的・政治的状況

治承三年になると、社会的混乱と治安の悪化はさらに進行し、政変の前触れともいうべき不穏な社会状況を呈してくる。『百錬抄』四月の記事の末尾には、「近日童謡《わざうた》に云はく。五月一日より悪虫降るべしと。日食を見るべからず、といへり。夭命すべしと。三百年に一度此の事ありと、云々。但し差せる本文なし」とある。誰がどのような意図で「悪虫」が降る、などの童謡を流したのか不明ではあるが、今に良くない事件が起きるであろうという予言であったとも受けとれる。人々の不安を煽るものであったことは間違いないだろう。五月三日には、左衛門尉源忠清が、所領争論で弟を殺害した罪で、佐渡国に配流されている。一族内で所領をめぐる争いが激化し殺人にまで至る場合があったことを示している。五月十四日には、祇園大衆等が清水寺に発向し、清水寺の僧と合戦し相互に放火する事態となっている。この結果、多くの堂舎・人屋が炎上し、八坂塔が灰燼に帰してしまったという。ことの起こりは、清水寺四至内の住人が祇園御霊会の馬上を差したため、闘乱となったことにあるという。平安時代、五月あるいは十二月に行われる著鈦《ちゃくだ》の政《まつりごと》は、検非違使が看督長に命じて、東の市に未決囚の罪人を引き出し鎖に繋いだ鉄製の足枷（これを「鈦」という）をつけ、笞で打つまねをした儀式で、服役させるための行事であった。形式的な儀式となっていたとされるが、この年五月十六日に行われた著鈦の政の儀式においては、多くの「良家子息」が足枷をつけられていたという。これは、彼らが実際に「強盗犯」であったためで、『百錬抄』同日条では、これに「希代《きたい》の事也」との評価を記している。これが治安の悪化を象徴しているといえるが、この前提に、「良家」においてもかなりの経済的行き詰まりに陥っていたことが想定される。さらに十九日には、検非違使別当にあった時忠卿の措置として、強盗一二人の右手を切り、獄門（検非違使庁の入口＝大理門）に懸けたという（『百錬抄』『玉葉』同日条）。『百錬抄』では、これに対しても「希代の事也」と評している。同様な処置は十一月クーデター後の、安徳天皇践祚をひかえた翌年正月二十七日にもみられる。この時は左右獄の囚人一五人が山科で斬首され、二一人が手を切られている。厳罰の必要があったとはいえ、このような異例の見せしめ的手法で強盗犯の処置に臨まねばならなかった点に、治安維持機能を委ねられていた平氏の追いつめられた状況が反映されているともいえるだろう。六月十七日には、院判官代源有雅が一条今出川で何者かに殺害されている。この六月頃、前に述べたように、人々は銭貨による支払いを強制され、その調達に苦しむという事態の中にあった。

警察機能行使の義務を負っていた平氏は、甚だしい治安の悪化の中、社会の奥底から湧き上がってくるような犯罪者たちに直面しつつも、あくまでも武威による対処を貫こうとして、必死にその職務を遂行しようとしていた。このような中、五月十七日清盛の娘盛子が死去しその管理下にあった摂関家領を取り上げられ、続いて八月一日（七月二十九日）には清盛の嫡子重盛が死去してその知行国であった越前国を取り上げられる等して、院との対立が激化するのである。

さらに、決定的となったのは叡山の内紛、堂衆問題が再燃していたことである。叡山の衆徒たちの要請によって、七月二十五日には近江国三ヵ荘を追捕した堂衆らを追捕せよとの宣旨が出されていたが、平氏の行動は遅かった。再三の衆徒らの要請により、十月三日、清盛の弟で参議の平教盛に命が下り、官兵を遣わして鎮圧しているが、解決に至らない。彼らは、いったん退散させられても、また結集して横川に城郭を構えるなどして抵抗を続けたのである。堂衆たちは十一月二日西塔に討ち入り、堂舎五宇・房舎三十余宇を焼き払ったという。堂衆とは叡山の下級僧で、荘園管理などの雑用を負わされているが、叡山の僧の中では、社会矛盾激化のしわ寄せを最も受けていた階層である。

現実に行き詰り、近江国三ヵ荘追捕などの実力行使に至ったのであろう。治承二年以来の騒動が解決されず、事態は悪化していたのである。五日には、このことで、諸社諸寺に祈禱が命じられ、さらに七日には七社に奉幣使が発遣されている。これは、国家鎮護と王城守護の宗教的役割を負っていた延暦寺の大騒動を治めることができない事態が国家的危機と認識されていたことを示しているとともに、平氏による警察機能が果たしえない状態になっていたことを示すものでもあった。おそらく平氏自体も手をこまねくばかりであったのだろう。あるいは後白河法皇の処置に不満を抱き、これ以上関わることを拒否していたのではないか。その七日戌刻（午後八時前後の約二時間）には大地震が起き、都は騒然たる状況となった。清盛が福原から数千騎の兵を率いて入京したのはその七日後、十一月十四日のことであった。

十一月十五日、洛中が武士で満たされ、戒厳令下のような状態となっている中、西八条邸に居した清盛の奏請によって、藤原基房を関白から罷免し、藤原基通を据えさせた。十七日には太政大臣藤原師長ら法皇の近臣三九人の官を解き、新人事を行うなど一連の措置を強制する中、二十日、ついに後白河法皇を鳥羽殿に幽閉して、政治的実権を奪い院政を停止させるに至る。軍事力の脅しとその監視下で、後白河院政を停止させ朝廷の高官たちを更迭し、平氏やその支持者によって朝廷の高位高官を占めるという新人事を強行させたのである。この朝廷人事の改造をもって、事実上、平氏による軍事独裁政権への移行が開始されたとみることができるだろう。

(2)　十一月クーデターの理由

清盛がクーデターに踏み切った理由については、二つの側面から説明できるだろう。一つは、後白河院等が、この間の社会的混乱状態に対して何の有効策も執ることができないで、ひたすら平氏の警察力・軍事力による鎮圧を命じ、責任を平氏に負わせるだけで済ませようとしてきたことへの責任追及である。もう一つは、この時期、鹿ヶ谷事件に引き続いて、再度平氏討滅の密謀が進行していた可能性が高いことである。前者については、特に叡山の堂衆問題を解決できなかったことがあげられる。平氏は、クーデター直後に明雲を天台座主に返り咲かせており（『百錬抄』十一月十六日）、その後この間戦闘状態にあった天台の学徒と堂衆とが和解している事実は（『百錬抄』十一月二十二日条）、政変によってこの問題への一応の解決がなされたとみなしうるからである。この時、院近臣追放にともなって荘園没収等の措置が執られたと考えられるが、関連して、延暦寺に荘園が返されるなどの配慮があったかと思われ、解決への新たな進展をみせた可能性がある。これは院近臣の存在が、叡山問題を解決できなかった重要要因であったことを示唆するものであるといえるだろう。

問題はもう一つの平家討滅の密謀についてである。『百錬抄』に清盛がクーデターを敢行したことに関して次の記載がある。

　ある記に云はく。上皇と関白、平家の党類を滅ぼせしめんとすべきの由、密謀あるの由、その聞こえあり。其の上、師家卿を、二位中将〔基通〕を超えて中納言に任ず。其の欝と云々。

この後半の師家卿を中納言に任じたとの記述は、清盛の不満を高めた理由の一つとして従来から指摘されてきたことだが、前半の後白河法皇が関白基房とともに平家の党類を滅ぼす密謀をしていたとの噂があったと記されているのは重大である。これは従来無視されてきたことだが、「ある記に云はく」とあるように、鎌倉後期に『百錬抄』を編纂する際の史料の中にそのような情報があったことに依拠してのことかと思われる。実際そのような噂があった信憑性は高い。『百錬抄』は京都を中心とした社会における情報が豊かなのである。この点は、『源平盛衰記』巻第十一「静憲と入道と問答の事」からも窺える。後白河法皇が弁明のために僧静憲（信西の息子）を清盛が居る西八条邸に遣わした時の二人の問答における、清盛が述べた院への不満の中で、重盛死後その知行国を没収した仕打ちをあげたのに続いて、院の「近習の人々」が「此一門を亡さんと相はからはれける」という事実があげられているのである。これには静憲も一言の反論もできなかったと述べられているのである。これらは、クーデター直前頃、京都政界を中心に後白河院政派による平氏討滅計画が存在したとの情報が流布していたことを反映したものであろう。実際に両者の対立が昂じていたことは先に述べたところである。

彼らの計画がどの程度の実現の可能性を有していたのかについては、今にわかに断定できるものではないが、後白河法皇と院近臣らによる第二次の平氏打倒計画が進められるに至ったことについては、認めるべきであろう。朝廷は再び深刻な政治的分裂状態に陥ったのである。とすると、このクーデターは、それを察知した清盛方からの先制攻撃であったとみることもできるであろう。

このような政治的危機に陥る中では、互いに敵対する相手の不当性ばかりをあげつらうことになる。後白河法皇方からしてみれば、社会的に犯罪行為がやまず、また比叡山の堂衆反乱問題も鎮圧できず、その存在価値たる治安維持が機能していない状態になっているにも関わらず、清盛の一族が異常な出世をとげ優雅な生活をして、京都の政界と社会に軍事支配力を有している現状は、まさに「驕り高ぶる」平氏というべきもので、望ましい存在ではなくなっていたということができるであろう。また、平氏が都に禿童を放って言論抑圧を行う中で、犯罪者の腕を切るなど見せしめ的手法で社会に対して抑圧的態度で臨むような状態になっていることも、貴族社会からは嫌悪の対象となっていたことであろう。後白河法皇や近臣たちが、もはや自己にとって望ましい軍事・警察機能を果たすものではないとして、平氏の党類切り捨ての選択をする可能性が出てきても不思議ではないのである。この選択に至る上で決定的契機となったのは、平氏一族中、院への忠誠が最も厚かった重盛の七月二十九日の死去であろう。

逆に、平氏の立場から、この間のことを考えてみよう。軍事・警察機能を任され、社会の治安維持を期待されていた平氏は、社会の奥底から沸きあがってくる不気味な犯罪行為、犯罪者の群れに直面し、あくまでも武威によって立ち向かおうとしていた。しかしそれを徹底すればするほど、恨みや批判は平氏に向けられていくという状況にあった。すなわち、飢饉状況が慢性化し、社会的矛盾が激化し、治安状況が極度に悪化した事態の中で、警察機能も行き詰ってしまうという状況に陥ってしまったにもかかわらず、政治の意思決定者たる後白河院やその近臣たちは、現実に対する何の有効措置を採れないままで、責任を軍事・警察機能担当者の平氏に負わせるだけであったことに不満を抱くことになっていたであろう。もしそうであるとすると、清盛側からすれば、血も汗も流さず、平氏に警察機能を果たすよう圧力をかけてくるだけで、その警察機能が、現実の重みの中で行き詰ると、切り捨てようとする後白河院に対し、ついに怒りを爆発させたものであるとみることもできる。ここに、政権の最高意志決定者と軍事・警察機能遂行責任者との政治的亀裂が決定的となってしまった事態をみることができるのである。これは、鹿ヶ谷の謀議事件に続く、院近臣と法皇が平氏一門を討とうと図った第二の政治危機であり、ついに清盛方はその反撃として後白河院にまで及ぶ大々的措置を執るに至り、事実上の平氏政権への途へと進んでしまったものとみることができるのである。このように考えると、清盛のクーデター敢行は、追いつめられたことによる自衛の途の選択を余儀なくさせられた結果であるという側面が大きかったといえるであろう。

平氏政権は、初めは軍事力を背景にして一族らを政府高官に送り込むなどの手段により、高倉天皇政府をコントロールする形で出発したが、もともと追いつめられたところでの武力による政権奪取であったことから、軍事独裁の専制支配強化を目指さざるをえなくなっていく。その専制政権樹立は、翌治承四年二月二十一日、高倉天皇に譲位させ、清盛の外孫にあたる言仁親王を践祚させ（安徳天皇）、高倉上皇院政の形式を作ることで、形式上一応の達成に至る。

4　平氏専制政権の増税政策

⑴　治承四年二月二十日付太政官符

内閣文庫所蔵「摂津国古文書」の中に、東海道の諸国司あての治承四年（一一八〇）二月二十日付太政官符の案文が収められている（『平安遺文』三九〇二号、治承四年二月二十日太政官符案）。それは、東海道諸国からの「調庸雑物運上船の梶取・水手」に対して、下向の時に摂津国大輪田泊の「石掠《椋》造築役」として「人別三ヶ日勤仕」すべき旨を義務付けたものである。これは、従来、清盛が社会事業的目的から大輪田泊の修築を要請して許可されたものと理解されるにとどまっていたものだが、その意味は、前後の政治的流れからみて、それにとどまるものではない。重大な政治的目的がこめられていたとみるべきものであろう。

この本文から、この時全国から二地域を選んで命令が出されていたことがわかる。一つは「畿内河内・和泉・摂津、并山陽・南海両道諸国に下知して、庄号を分けず、権勢を論ぜず、不日の勤めを致せしめ、逆風の難を禦がんと欲す。其れ人は、田一丁別、畠二丁別、各一人を宛て、雇い召し出さるべし。その時節は、各の申請によれ」というものである。これは、畿内の河内・和泉・摂津、山陽・南海両道諸国に対して、荘園・国衙領を区別せず人夫を雇い召出すべき旨を命じたもので、いわば一国平均役賦課の形をとった徴発令とでもいうべきものだが、問題はその規模である。「其れ人は、田一丁別、畠二丁別、各一人を宛て」るとあることから、各国の荘園や国衙領の公田部分の一丁につき一人、公畠部分の二丁につき一人という基準で人夫を雇い召し出す命令が出されていたものと読み取ることができる。期間について示されたものは残っていないが、これはかなり大規模な徴発である。もう一つが東海道と西海道宛てのもので、「東海・西海両道の国に至っては、当国大小雑物を上るの時、その船の梶取・水手、下向の次いでに、慥かに先例に任せ、役せらること三日を経るものとせよ」とある。

この命令は、清盛の高倉天皇政府への申請をうけて出された形式となっている。その清盛の解状では、「輪田崎」の海上交通上の重要性を述べ、また、隠退した身の清盛が、人々のために私力によって新嶋を築いたが波勢が強く石椋を全うできない状態で、国の功力を借りなければ完成できないとして、「延喜の聖代」の例を引き国家による船瀬修築支援の必要性を述べてもいる。これは、三善清行が延喜十四年(九一四)四月二十八日に提出した「意見十二箇条」の最後の条で、利用不能となっている魚住泊(播磨国、瀬戸内海の港)の修復のために、諸司の判官の「幹了巧思の者」を派遣し、播磨・備前両国の正税を使って修造工事を行うべきことを提言したものを指すのであろうか。このような言い方は、一見国家と社会のための事業の必要性からの申請のようにみえるが、これがクーデター後進行する平氏専制政権構築過程にあること、安徳天皇践祚を翌日に控えていること、その後六月には福原遷都が強行されることになったこと、等からして、実は平氏の軍事独裁政権の目的が隠されているとみるべきであろう。特にこの命令が出されたのは、高倉天皇から言仁親王への譲位(安徳天皇の践祚)がなされる同年二月二十一日の前日であることは(即位は四月二十二日)、すでに践祚への用意も整った段階であることになり、計画上、対になっていたものとみてよいであろう。また、五月末に挙兵した以仁王を討滅した直後の、六月初めに福原遷都を強行したことからもみて、この修築は単なる海上交通の要衝たる大輪田泊を守るための公共的な工事というだけではすまないものがあろう。これは清盛の専制(軍事独裁)体制構築と同時に進行しつつあった、平氏の防禦施設の構築、すなわち軍事的都市福原の港湾部の要塞化を目指すものであった可能性が高いのである。

この命令によると、畿内の河内・和泉・摂津、並びに山陽・南海両道諸国は、公田一丁別に一人、公畠二丁別に一人の人夫を雇い召し出すべきことが命じられている。もし、完全に実施されたとしたら、相当な負担であることに違いはないだろう。但し書きに、「播磨造小安殿」と「備前造大極殿」はすでに大功を営んできたので除外すると述べているることから、これまでに播磨国と備前国に依拠して工事が行われてきたものと思われる。東海道と西海道に対しては、都への「調庸雑物」（「大小雑物」）運上船の「梶取と水手」に対して三日の「石掠（椋）造築役」の労働を課すとされているが、徴発させられる身にとって、かなり過酷であったろう。実質的には、代納が強制されることになり、畿内の河内・和泉・摂津や山陽・南海両道諸国ほどではないが、やはり増税に通じるものであっただろう。増加額だけを各国の負担分に均してみた場合、それだけでは大した額にはならないようにみえるかもしれないが、飢饉状況が慢性化してきた中で、従来からの負担分に苦しんでいる上でのことであることを考えれば、増税感は否めないからである。

なお、前者の課税は一見人頭税にみえるが、基準は公田と公畠である。本来ならば現物であるはずだが公田の場合一町、公畠の場合二町につき一人というように、徴発が労働力を基準単位にしていることは、前述のように飢饉状態慢性化の中で米などの現物手段が不足していたことを反映しての徴税であるとみることができる。あるいは、前述のように銭貨による代納を意識していたのかもしれない。

これは、飢饉状態が十分に改善されず人々が債務に苦しむ中、さらに増税がなされようとしていたことを示す。平氏政権による専制支配が始動すると同時に、新たな課税（＝増税）がなされようとしていたのである。北陸道・山陰道・東山道が除外されているのは大輪田泊を利用する地域ではなかったからであろう。課税された地域において、反平氏の気運が醸し出されていく上で、このことの持つ意味は大きかったといわざるをえない。すなわちこの課税は反平氏の挙兵がなされる前提条件の一つを形成することになっていくのではないか。このような策を執ることになったのは、もともと平氏によるクーデターが追いつめられたところで選択した結果であり、初めから多くの敵を予測せざるを得なかったために必然化したという面があるのであろう。そのような意味で、平氏の軍事独裁政権は、初めから政治的不安定さをともなっていたといわざるを得ない。

なお、命じている内容がどこまで実施されえたのかは確認することができない。もし予定通り完全に実施されたとしたら大規模な労働力の徴発を要する工事となったものと考えられるが、六月に強行された福原遷都が十一月になって還都となっていることや、八月以後の東国での反平氏の挙兵などによって、十分に目的を達せられないまま放棄された可能性が高いであろう。

(2) 中央対地方の戦争へ

治承三年十一月クーデターは、寺社勢力の圧力を受ける中で、朝廷内部に生じた対立が決定的亀裂状態となるに及び、一方の勢力である平氏が、軍事独裁政権を打ち立て、院近臣を中心とする反対勢力を抑圧するという政治構造が形成されたことを意味する。これは平氏による専制政治体制の構築といえよう。ここまでの対立のあり方をみると、寺社勢力と朝廷との対峙、朝廷内部における対立と分裂、すなわち中央諸権門間の対立を基本要素としたものであったといえるが、その後生じたことは、さらに根（底）深い対立に拡大していくのであった。治承四年五月の源頼政らの軍に依拠した以仁王の挙兵の試み自体は察知され、不本意な形での挙兵となり奈良への逃亡途中の宇治の戦闘で敗死したが、八月以後、以仁王の呼びかけに応じる形で、頼朝を始めとして東国諸国の武士が挙兵するに至ったのである。これによって、社会におけるさらに深部の要因である中央対地方との対立に火が付くことになる。中央権門諸勢力間の対立と中央対地方の矛盾・対立をも内包した内乱に進んでいくのである。

ここにおいて、平氏が組織する軍事力は、中央勢力間の矛盾対立を軍事独裁の専制支配によって抑圧するというだけでなく、地方勢力との対決へと向かわねばならなくなってきた。それは、平氏滅亡の導火線となっていく。なぜなら、平氏は、福原を根拠地に数千騎の兵の動員が可能な体制を構築してきたことにより、都への軍事的支配を可能ならしめてきたものであったが、地方勢力との対決において必要とされる動員兵力量はそれを遥かに上回り、万に及ぶ兵力が必要となってくるからである。平氏にとって、その規模の動員を可能とするための条件は失われつつあった。

あとがき

武家政権成立史を課題とする本書は新規に書き下したものであるが、基礎的考察として「参考文献」に掲げた旧稿をあげることができる。本書は、当初二編構成を予定していたうちの第二編にあたるもので、第一編はフェアブリッジ氏によって示された海水面変動表を日本史資料によって検証する作業にあてていた。しかし、海水面変動を跡づける作業は大部を要し独自の分野をなしていることから、別の一書として刊行した方が適切であると判断するに至り、フェアブリッジ氏の海水面変動表が示す変動の大枠は確認できるという前提で、武家政権成立史を課題とした一書として刊行することにしたものである。

武家政権成立という歴史現象をその形成原理を踏まえて解明しようとした本書の独自性は、その根源的条件を、この二〇〇〇年間中の最温暖期にあたる一一〇〇年頃を境に冷涼化傾向に転じていったという自然条件の変化＝気候変動に求めている点にあるが、意を注いできたのは、それを政治史上の出来事に直結させて語るのではなく、冷涼化進行の中で頻発する飢饉がもたらした社会的・政治的状況を踏まえ、そこから生じる矛盾・対立の社会的あり方を構造的に明らかにして、それとの連関において政治的諸事件が生じた理由を考察するよう努めてきたことにある。気候変動論・飢饉論を政治史につなぐ媒介として、社会的・政治的状況論を設定し、その関連を明らかにする方法の開拓に努めてきたのである。

政治史上の叙述において従来の政治史研究の成果を受け継がねばならないのは当然であるが、その場合も、気候変動・飢饉状況を従来明らかにされてきた政治史上の知見に機械的に接木するようなことは極力避け、今日の研究状況を踏まえた独自の検討を加えるよう心がけてきたつもりである。気候変動・飢饉状況・社会的状況論など新視点を踏まえることによって、政治史上において新たに見えてくるものもあると考えてのことである。

執筆にあたり保元・平治の乱から治承三年十一月の平清盛によるクーデターに至る過程に関する研究成果を振り返ることになったが、実感したのは従来、一方で生産力の発展という認識を是認しておきながら、そのことと政治史上の諸現象との内的連関が明らかにされないまま、天皇家一族や摂関家などの支配的地位にある人々あるいは伊勢平氏や河内源氏等の武士勢力といった諸勢力の動きを、ただ所有欲や権力欲などを動機とする争闘として描くにとどまり、この間の人々の行動を支配し規制していたそれ以上の原理を見出せないままできたことであった。それは、社会状況論抜きの政治史というべきものであった。気候変動の認識に至りえなかったことは致し方ないことだったとしても、政治史上の出来事の背後に民衆のどのような状況が存在し、政治的諸事象にどのように関係していたのか、という課題に言及したものが存在しなかったといっても過言ではないのである。この間の政治史上の出来事の背景には長引く飢饉状態が存在し、上から末端に至るまでの人々の生活が追いつめられ脅かされるという状況があり、そこから人々の生存欲や平和実現への要求が発せられ続けていたのである。その結果、社会全体においてどのような矛盾・対立が作用して政治史上の事件をもたらしたのかを明らかにすることが本書の課題であった。

この武家政権成立という政治史過程を原理的に理解するための方法を模索する中での成果は、この間の重大事件には国司ルートによる徴税が何らかの形で関わっており、事態展開の主軸要因となっていた事実を知りえたことである。さらに、それがもたらす矛盾対立が作用する場として次の四つの設定が可能である。(A)封戸、知行国・荘園などの国家的給与を得ることになっていた支配階層集団とその原資を租税として提供する地方勢力との矛盾・対立。(B)国家的給与の配分を受けるという点では共通の階層であったといえるが、相対的に朝廷の外にあった社寺勢力と朝廷との矛盾・対立。(C)朝廷を構成する勢力内部に生じる矛盾・対立。(D)上述の三要素に影響されながら生じる地方勢力同士の矛盾・対立。この四レベルを対立の場として抽出することで、政治史上の諸事件が生じた理由の考察が可能になってきた。このことによって、各レベルでの矛盾・対立の基本的あり方や争闘等の諸現象がどのように変遷・展開していったのかを跡づけることができ、武家政権成立史の把握方法について一つのモデルを提示することができたと考えている。

本書の試みに関して、もう一つ強調しておきたいのは、気候変動論を基底におくことによって、日本武家政権成立史を世界史に共通する要因がもたらしたところとして把握することが可能になったことである。これは、かつてのマルクス主義的な世界史の基本法則といわれた発展段階論認識ではない、普遍的な世界史的認識に至る手段となりうる可能性を秘めていると確信している。すなわち、本書は、武家政権成立という歴史事象を、日本史上だけで生じたものとしてではなく、一一〇〇年頃の温暖化の頂点を過ぎてから以後、一四五〇年頃の冷涼化の底に至る過程で生じた世界史的現象における一つの典型と捉える立場にある。実際に比較史として提示できたのは、朝鮮半島における武人政権の成立や北アジアにおけるモンゴル諸族において争闘社会が生じてチンギス・カンが登場してくる理由を同一の自然条件の変化が背景にあることを指摘したに過ぎない。世界史認識にとって重要なのは、この冷涼化進行の中で各民族が、所与の条件の中でどのような主体的選択をしてどのような道を辿ってきたのか、という点にあると考えているのである。そのために、まずは各民族の社会を類型分けすることが重要で、これによって世界史的普遍の中への位置づける扉が開かれるであろう。本書では、日本・朝鮮の場合、中緯度農業地帯という類型の中に位置づけることができるのに対し、モンゴル社会の場合は中~高緯度における遊牧社会という類型の中に位置づけることができることを、指摘してきた。これは同じく中～高緯度に属する西欧社会の十二世紀以後の歴史にも何らかの形で貫いていると考えているが、今後に託す外はない。

最後に、これを課題とするに至った経緯をふりかえってみたい。この時代への関心をもったのは小学校高学年～中学生頃のことで、『保元物語』『平治物語』『平家物語』等々、少年向けの軍記物を読み、英雄たちの活躍に胸躍らせたことにまでさかのぼることができる。源氏の系図を諳んじていたが、学校教育で習うより詳しい通史的筋書きを理解してこの時代への興味を育ててきた。高校・大学時代には、マルクス主義の影響をうけて、歴史を社会構成体論によって解釈することが重要だという思いから、自分なりの社会構成体論を作り上げることができたなら、それを踏まえた武家政権成立史論に挑戦できるかも知れない、などと淡い希望をもっていた。大学四年の教育実習では、石母田正に代表される一元的な生産力と社会発展論理によって鎌倉幕府成立を説明した記憶がある。

歴史研究の道に入ったのは一九七〇年代のことだが、認識の深化によって、マルクス主義的社会構成体論における生産力・社会発展一元主義の致命的欠陥に気づくにいたった。第一は、諸歴史事象を常に生産力発展と社会発展の論理の中に位置づけることに専念し、社会の停滞・後退という現象を捉えることができず、真の発展もその中での苦闘によってもたらされうるという事実を認識できていなかったこと。第二は、歴史事象を社会内在要因によってのみ生じるものとして意義づけ、社会外要因、特に気候条件の変動に起因する場合があるということを認識できていなかったこと。これは、鎌倉末から南北朝～室町期における、債務や奴隷制のあり方を中心にした社会状況と水田二毛作を中心とした農業のあり方の考察作業によって、鎌倉幕府滅亡以来南北朝内乱から室町幕府体制という一連の過程は、気候冷涼化の進行という事実を抜きにしては説明できないとの確信を得たことによって可能となったのである。この認識に至ったのは一九九〇年頃のことであるが、著書として刊行できたのは、二〇〇二年（『中世の農業と気候―水田二毛作の展開—』吉川弘文館）と二〇〇七年（『日本中世奴隷制論』校倉書房）のことであった。

本書の課題＝気候変動論を踏まえた武家政権成立史に挑戦しようという意欲が生まれたのは、上述の認識に到達した一九九〇年代初め頃のことであるが、二著をまとめた後に手をつける予定であった。その頃は十二世紀、特にその前半はまだ最温暖期であるという認識の枠内に止まっていて、本書に示したように一一〇〇年を過ぎると相対的冷涼現象が間欠的に生じ、飢饉状態の蓄積が社会的諸矛盾を激化させ、保元・平治の乱の背景を形成していったという見通しには至っていなかった。本書の認識に到達したのは、一九九九年以来在職する大学での授業の一つにこの課題を取り上げ、検討を重ねた結果であった。

本書は、当初「歴史文化ライブラリー」の一書として引き受けたものであるが、内容上研究書として刊行したいとして変更をお願いすることにした。受け入れて下さった吉川弘文館に、感謝申し上げる。

猛暑の中、蜩の音に癒されつつ。

二〇一三年八月一〇日

磯貝富士男

参考文献

石井　進（一九七五）「(平治物語絵巻）歴史的背景」（『新修日本絵巻物全集』一〇）
石母田　正（一九四六）『中世的世界の形成』（伊藤書店）
石母田　正（一九四九）「中世成立史の二、三の問題」（歴史学研究会編『日本社会の史的究明』岩波書店、のち一九五〇年、東京大学出版会『増補・中世的世界の形成』所収）
石母田正・松島榮一（一九五五）『日本史概説Ⅰ』（岩波書店）
井原今朝男（二〇〇一）「宋銭輸入の歴史的意味」（池享編『銭貨』青木書店）
磯貝富士男（一九八九）「古代・中世における雑穀の救荒的作付けについて―水田二毛作展開の歴史的前提として―」（『東京学芸大学附属高等学校研究紀要』二六）
磯貝富士男（一九九一）「パリア海退と日本中世社会」（『東京学芸大学付属高等学校研究紀要』二八）
磯貝富士男（一九九四A）「日本中世社会と奴隷制」（『歴史学研究』六六四）
磯貝富士男（一九九四B）「日本中世史研究と気候変動論」（『日本史研究』三八八）
磯貝富士男（一九九五）「安良城盛昭氏の日本中世社会論」（一九九四年一月二十九日「シンポジウム『戦後歴史学と安良城理論』における報告を論文化したもので、一九九五年五月、岩波書店、安良城盛昭著『日本封建社会成立史論下』の付編「戦後歴史学と安良城理論」に収録）
磯貝富士男（二〇〇二）『中世の農業と気候―水田二毛作の展開―』（吉川弘文館）
磯貝富士男（二〇〇六）「円覚寺領尾張国富田荘絵図に見る海水面変動」（『大東文化大学紀要』四四）
磯貝富士男（二〇〇八A）「長承・保延の飢饉と藤原敦光勘申について」（『大東文化大学紀要』四六）
磯貝富士男（二〇〇八B）「気候変動論から考える武家政権成立時代」（『年報中世史研究』三三）
磯貝富士男（二〇一〇）「保元の荘園整理令とその社会的背景」（『大東文化大学紀要』四八）

磯貝富士男（二〇一二）「保元の乱要因論―大蔵合戦・為朝「乱行」問題との関連で―」（『大東文化大学紀要』五〇）
磯貝富士男（二〇一三）「気候変動と中世農業」（井原今朝男編『環境の日本史　三　世の環境と開発・生業』吉川弘文館）
入間田宣夫（一九八四）「守護と地頭制」（歴史学研究会・日本史研究会編集『講座日本歴史　中世一』東京大学出版会）
上横手雅敬（一九八一）「院政期の源氏」（御家人制研究会編『御家人制の研究』吉川弘文館）
尾形亀吉（一九五〇）『日本社会文化史』（明治書院）
梶村秀樹（一九七七）『新書東洋史　一〇　朝鮮史』（講談社）
河内祥輔（二〇〇二）『保元の乱・平治の乱』（吉川弘文館）
五味文彦（一九八四）「院政期政治史断章」（『院政期社会の研究』第四部第三章）
五味文彦（一九八七）「信西政権の構造」（青木和夫先生還暦記念会編『日本古代の政治と文化』吉川弘文館）
五味文彦（一九九九）『平清盛』（吉川弘文館）。
コンスタンティン・ムラジャ・ドーソン（一八二四）『モンゴル帝国史』（佐口透訳注、平凡社東洋文庫全六巻中の第一巻、一九六八年。
初版一八二四年、この訳注本は一九四〇年天津版によっている）
高橋昌明（二〇〇四）「東アジアの武人政権」（歴史学研究会・日本史研究会編集『講座日本歴史　三　中世の形成』東京大学出版会）
竹内理三（一九五八）「院庁政権と荘園」（『律令制と貴族政権　第Ⅱ部』お茶の水書房、初出一九五五・一九五六年）
竹内理三（一九六五）『日本の歴史　六　武士の登場』（中央公論社）
武田幸男編（二〇〇〇）『新版世界各国史　二　朝鮮史』（山川出版社）
千々和到（一九八六）「私年号」（『国史大辞典』七、吉川弘文館）
千々和到（一九八八）『板碑とその時代』第九論文「「東国」の解体と板碑の終焉」（平凡社、初出一九八一年）。
朝鮮史研究会（編集代表旗田巍）編（一九七四）『朝鮮の歴史』（三省堂）
土田直鎮（一九九四）『古代の武蔵を読む』（吉川弘文館）
東野治之（一九七九）「日記に見る藤原頼長の男色関係」（『ヒストリア』八四）
西村真琴・吉川一郎編（一九三六）『日本凶荒史考』（一九八三年、有明書房から再刊）
能登健（一九八九）「火山灰の上にできた国」「発掘された中世前夜」（能登健・峰岸純夫編『よみがえる中世　五　浅間火山灰と中

世の東国』平凡社）
橋本義彦（一九六四）『藤原頼長』（吉川弘文館）
旗田　巍（一九五一）『朝鮮史』（岩波書店）
早田　勉（一九八九）「噴火災害と土層」（能登健・峰岸純夫編『よみがえる中世　五　浅間火山灰と中世の東国』平凡社）
松本新八郎（一九四二）「名田経営の成立」（一九四二年、中村孝也編『生活と社会』。一九四八年『封建的土地所有の成立過程』として刊行）
松本新八郎（一九四九）「原始・古代社会における基本的矛盾について」（歴史学研究会編『世界史の基本法則—歴史学研究会一九四九年度大会報告』岩波書店。以上は、一九五六年同氏著『中世社会の研究』東京大学出版会再録）
水戸部正男（一九六一）『公家新制の研究』（創文社）
峰岸純夫（一九八九）「五千町歩開発計画の挫折」（能登健・峰岸純夫編『よみがえる中世　五　浅間火山灰と中世の東国』平凡社）
宮崎市定（一九八七）『アジア史概説』（中央公論社）
村井章介（一九九九）『中世日本の内と外』（筑摩書房）
元木泰雄（二〇〇一）『平清盛の闘い—幻の中世国家』（角川書店）
元木泰雄（二〇〇四）『保元・平治の乱を読みなおす』（日本放送出版協会）
安田元久（一九八六）『後白河上皇』（吉川弘文館）
山本武夫（一九七六）『気候の語る日本の歴史』（そしえて）
和田英松（一九〇二）『官職要解』（明治書院。一九八三年、講談社学術文庫として再刊）

索　　引

お

か

き

こ

さ

し

す

せ

ち

つ

て

と

な

に

ぬ

ね

の

は

ひ

ふ

へ

ほ

ま

み

む

め

も

や

ゆ

よ

ら

り

れ

ろ

わ

著者略歴
一九四八年生まれ
一九七八年　東京教育大学大学院文学研究科博士課程単位取得退学
現在　大東文化大学文学部教授
〔主要著書・論文〕
『中世の農業と気候―水田二毛作の展開―』（吉川弘文館、二〇〇二年）
『日本中世奴隷制論』（校倉書房、二〇〇七年）
「日本中世奴隷法の基礎的考察」（『歴史学研究』四二四号、一九七五年）
「日本中世社会と奴隷制」（『歴史学研究増刊号』六六四号、一九九四年）
「気候変動論から考える武家政権成立時代」（『年報中世史研究』三三号、二〇〇八年）

武家政権成立史
気候変動と歴史学

二〇一三年（平成二十五）十月十日　第一刷発行

著　者　磯《いそ》貝《がい》富《ふ》士《じ》男《お》

発行者　前田求恭

発行所　株式会社 吉川弘文館
郵便番号一一三―〇〇三三
東京都文京区本郷七丁目二番八号
電話〇三―三八一三―九一五一（代）
振替口座〇〇一〇〇―五―二四四番
http://www.yoshikawa-k.co.jp/

印刷＝藤原印刷株式会社
製本＝株式会社 ブックアート

ISBN978-4-642-02916-2

磯貝富士男著

中世の農業と気候

水田二毛作の展開

Ａ５判・上製・カバー装・三六〇頁

八四〇〇円

日本の水田二毛作はどのように始まったのか。それは単純に生産力の飛躍的発展だったのか。鎌倉後期から南北朝期における農業生産の在り方を検討し、気候の冷涼化と自由民（百姓身分）の奴隷転落現象、凶作と飢饉の状況など、様々な問題をも含めて総合的に論究。水田二毛作の成立・展開の過程を通して、南北朝内乱期の歴史社会的性格を多角的に解明する。

〈残部僅少〉